TikTok 运营实战

陶境峰（Sky老思） 著

电子工业出版社
Publishing House of Electronics Industry
北京·BEIJING

未经许可，不得以任何方式复制或抄袭本书之部分或全部内容。
版权所有，侵权必究。

图书在版编目（CIP）数据

TikTok运营实战 / 陶境峰著. —北京：电子工业出版社，2023.5
ISBN 978-7-121-45454-7

Ⅰ. ①T… Ⅱ. ①陶… Ⅲ. ①网络营销 Ⅳ. ①F713.365.2

中国国家版本馆CIP数据核字（2023）第069403号

责任编辑：滕亚帆
印　　刷：河北虎彩印刷有限公司
装　　订：河北虎彩印刷有限公司
出版发行：电子工业出版社
　　　　　北京市海淀区万寿路173信箱　　邮编：100036
开　　本：880×1230　1/32　　印张：9.625　　字数：286千字
版　　次：2023年5月第1版
印　　次：2025年6月第14次印刷
定　　价：89.00元

凡所购买电子工业出版社图书有缺损问题，请向购买书店调换。若书店售缺，请与本社发行部联系，联系及邮购电话：（010）88254888，88258888。
质量投诉请发邮件至zlts@phei.com.cn，盗版侵权举报请发邮件至dbqq@phei.com.cn。
本书咨询联系方式：（010）51260888-819，faq@phei.com.cn。

推荐序

我万分荣幸能为好友 Sky 老思的这部关于 TikTok 电商实操的著作作序。

我与 Sky 老思在电商领域结识，经常就跨境电商领域相关问题进行深入探讨。我们珍视友谊并致力于在电商领域能持续、深入研究与创新。

近年来，海外兴趣电商已成为极具潜力的新兴市场，并吸引了众多企业和个人投身其中。Sky 老思的这部作品广泛涉及海外兴趣电商诸多方面，包括市场定位、品牌塑造、粉丝互动和销售策略等。书中详尽阐述了 TikTok 电商实操策略，其生动案例与实践经验为我们提供了更为直观的学习路径。书中还全面分析了海外兴趣电商发展趋势、市场机遇及挑战，为广大从业者指引了走向成功的方向。

我迫切地想将本书推荐给更多人。因为它为从业者提供了行之有效的方法论，勾勒出未来跨境电商发展蓝图。这本书也将助力从业者在 TikTok 电商领域不断学习与进步，尤其是在海外兴趣电商方面，它能帮助更多的人找准定位并及时把握先机。在这瞬息万变的时代，我们需紧跟潮流，勇敢应对挑战。

感谢Sky老思带来这部极具价值的作品，我坚信这本书将为读者及相关行业带来更为深远的影响，让大家更好地了解如何才能做好海外兴趣电商，如何在竞争激烈的海外市场站稳脚跟并实现蓬勃发展。

期待他继续砥砺前行，为我们提供更多电商领域的宝贵知识和经验，让行业从业者携手共进，在TikTok电商和海外兴趣电商世界中创造无限可能。

衷心祝福Sky老思创作道路越走越宽广，出版更多优秀著作。

交个朋友海外电商学苑CEO　张晋巍（Alex）

推荐语

TikTok 是当下最具潜力的"出海"渠道之一，至今仍是巨大的流量洼地，任何一名想要"出海"的创业者都需要关注这个赛道。我的朋友 Sky 老思在 TikTok 电商领域深耕良久，是当之无愧的行业专家。这本书将为你打开 TikTok 电商的大门。

做 TikTok，读这一本书就够了。

互联网大 V、创业者　stormzhang

听闻 Sky 老思是在 PiPiADS（一款 TikTok 业内顶尖数据分析网站）老板的夸赞中，初识 Sky 老思是在他的直播基地，再识 Sky 老思，他已对 TikTok 领域拥有了更广阔的研究视角。他在 TikTok 的大浪潮中上下起舞，随风摇曳，堪比顶级冲浪选手。

全球来看，TikTok 整体可能会超过十万亿营收规模，有着更巨大的潜力和想象力，未来定会有更多人投身 TikTok 领域，也会有更多中国品牌实现全球化。

跨境天使投资人　邓少炜

取势、明道、优术、平天下。全球化的大势清晰可辨，如何在TikTok的航道上乘风破浪，扶摇九霄，Sky老思以他一贯的沉思和践行给了我们最好的答案。

雷峰网创始人、《沸腾新十年》作者　林军

"生财有术"社群在 2019 年便开始密切关注 TikTok 赛道，也躬身入局投资了许多 TikTok 赛道上的创业公司，这其中蕴含着巨大的机会。Sky 老思曾在"生财有术"TikTok 大航海训练营带领众多圈友跑通从 0 到 1 的商业闭环，他既是一位专业的电商操盘手，又是一位优秀的导师。本书介绍了他在这一领域积累的大量实操经验，用通俗易懂的语言，深入浅出地为大家讲解了 TikTok 电商的完整链路，相信你一定开卷有益。

知识星球"生财有术"社群创始人　亦仁

在 TikTok 电商实践的征途上，涌现了无数勇于探索和开拓的先锋，他们为中国电商走向世界积累了丰富的经验。Sky 老思无疑是这个领域的领军者和分享者，给 TikTok 平台上的无数创业者铺平了前行的道路，道虽崎岖却无而不往！中国太需要 Sky 老思这样的开拓者，他秉承利他的精神，理性、勤奋、智慧，这次 Sky 老思将他的智慧和经验总结成书，大家一起从他的书中领略 TikTok 的魅力吧。

跨境电商鹰熊汇科技创始人　Mark

Sky 是业内公认的 TikTok 运营专家，在《TikTok 运营实战》这本书里，他将自己多年来对 TikTok 平台的深入理解与运营实践经验充分融入，本书理论性强且实用性高，是一本应该被定为 TikTok 运营必读教材的佳作。

在与 Sky 的合作中，我同样受益匪浅，他所展现出来的专业水准和服务态度令我们赞叹不已。如果你想在 TikTok 平台上快速制定正确的运营策略和创意方案，那么阅读这本书是你的第一步。相信他的真知灼见定能带你领略 TikTok 的魅力，我强烈推荐给所有 TikTok 运营者，大家一定会有意想不到的收获！

雨果跨境首席运营官　刘宏

前言

全球短视频行业的快速发展，TikTok 成为其中的佼佼者。在 2021 年，其全球月活跃用户数已经超过 10 亿人，成为新兴社交媒体流量的代表。短视频与直播行业在电商领域已经成为一个不可忽视的板块，也是从 2021 年开始，TikTok 开始尝试向电商领域拓展。目前 TikTok Shop 作为新兴的短视频电商平台正在快速崛起，而 TikTok 电商的崛起，更是对传统海外电商的一种冲击，在这一过程中也涌现了许多新的商业模式。

TikTok 电商是基于时代发展的势能与 TikTok 社交媒体的势能成长起来的，其生命周期注定是长久的，而现在仍处于发展初期，尚有很多机会和挑战。作为 TikTok 的商家，在产品开发、品牌建设、流量运营、整合营销等方面还有很多问题需要解决，而这也为许多新生代商家提供了较大的成长空间，在这共同成长的过程中，便蕴含着巨大的机遇，也使得这些商家有机会打破传统电商巨头的统治地位。

正因如此，作为一名早期入局 TikTok 电商的从业者，我认为撰写《TikTok 运营实战》这本书，为大家分享实现 TikTok 电商从 0 到 1

的路径，意义非常大。

那么这本书都讲了什么内容呢？

- TikTok赛道的整体优势。TikTok并不仅仅是一个电商平台，还是一个社交媒体平台，因此需要通过了解TikTok整体的发展历程，对其有一个全面的认识。
- TikTok电商的基本逻辑。本书深入浅出地帮助大家理解TikTok电商运营的完整逻辑，为后续的实操打下基础。
- 在获取流量与承接流量两方面，分别讲述短视频、直播、红人营销三个领域的具体实操、运营方法，这也是本书中所占篇幅最大的一部分。
- TikTok电商订单高转化的营销策略与选品策略，这两个环节同样是TikTok电商运营的重中之重。在营销策略中，会着重讲解如何设计营销闭环及闭环中的各个环节应该如何落地，而在选品策略中将会为大家讲解选品框架、选品逻辑及具体的选品方法。

我非常期盼这本书能够帮助到各位读者，无论是想要了解TikTok电商的从业者，还是想要掌握新的商业趋势的个人或者企业，希望都能从这本书中受益。希望通过对本书的学习，大家能够更好地了解TikTok电商的运营模式、营销策略及面临的风险和挑战，为自己的未来发展提供更多的思路和抓住更多的机会。

最后，感谢各位读者的信任。撰写一本书是一项非常艰巨的任务，但我深知自己的责任和义务。我会尽最大的努力，为读者提供最好的内容和体验。同时，我还要感谢朋友们的帮助，在写作过程中，他们为我提供了很多支持和建议，让我能够更好地完成这本书。没有他们的帮助，我是无法完成这项任务的。

  总之，我相信这本书能够帮助到大家，带给大家更多的商业思考和启示。希望大家能够喜欢这本书，并能够从中受益。

陶境峰（Sky 老思）

2023 年 2 月

（本书所有内容仅代表个人立场，不代表 TikTok 官方立场。）

目录

第1章 TikTok赛道的优势 / 003

1.1 什么是TikTok / 005
1.2 一路高歌的TikTok / 006
1.3 跨境电商与TikTok的有机结合 / 008

第2章 TikTok电商的基本逻辑 / 011

2.1 商家视角与用户视角 / 013
    2.1.1 商家视角 / 013
    2.1.2 用户视角 / 016
2.2 电商闭环中所需的能力与资源 / 018

2.3 庞大的 TikTok 流量如何转化　　/ 021
 2.3.1 流量的两个特性　　/ 021
 2.3.2 TikTok 流量转化方法　　/ 022

第 3 章　TikTok 原创短视频创作与剪辑　　/ 025

3.1 TikTok 短视频拍摄与剪辑技巧　　/ 027
 3.1.1 优质短视频必备的三大条件　　/ 027
 3.1.2 短视频拍摄设备与工具推荐　　/ 031
3.2 TikTok 短视频内容、脚本设计思路　　/ 039
 3.2.1 如何理解带货内容　　/ 039
 3.2.2 如何设计带货内容　　/ 041
3.3 TikTok 短视频文案与模板　　/ 043
 3.3.1 视频画面　　/ 044
 3.3.2 视频标题　　/ 047
 3.3.3 视频评论区　　/ 050
 3.3.4 主页简介　　/ 052
3.4 TikTok 短视频背景音乐　　/ 054
3.5 高效产出 TikTok 短视频的方法　　/ 056
 3.5.1 探索性生产阶段　　/ 056
 3.5.2 标准化生产阶段　　/ 058
 3.5.3 批量化生产阶段　　/ 058

第 4 章　TikTok 账号运营方法　　/　061

4.1　TikTok 短视频推荐算法的逻辑　　/　063
  4.1.1　为什么 TikTok 会让用户上瘾　　/　063
  4.1.2　作品发出去之后，都经历了什么　　/　065
  4.1.3　多级流量池的分发规则　　/　066

4.2　包装账号主页的目的与方法　　/　068
  4.2.1　可读性　　/　069
  4.2.2　辨识度　　/　070
  4.2.3　信任感　　/　071

4.3　TikTok 数据分析与优化　　/　074
  4.3.1　视频指标　　/　076
  4.3.2　账号指标　　/　083

4.4　零播放的原因与处理方法　　/　088
  4.4.1　硬件环境问题　　/　089
  4.4.2　软件环境问题　　/　090
  4.4.3　视频内容问题　　/　091
  4.4.4　视频查重问题　　/　092
  4.4.5　审核延迟问题　　/　093

第 5 章　TikTok 高转化营销的四个步骤　　/　095

5.1　短视频如何抓人眼球　　/　097
5.2　如何激发观众的购买欲望　　/　099

5.2.1　感官占领　/　100

　　5.2.2　顾客证言　/　101

　　5.2.3　认知差与信息差　/　102

　　5.2.4　场景带入　/　103

　　5.2.5　恐惧诉求　/　105

　　5.2.6　畅销营销　/　106

5.3　如何赢得观众信任　/　107

　　5.3.1　事实证明　/　107

　　5.3.2　专家、权威证明　/　108

　　5.3.3　化解焦虑　/　109

　　5.3.4　充分沟通　/　111

5.4　如何引导立即下单　/　112

　　5.4.1　锚定效应　/　113

　　5.4.2　正当消费　/　114

　　5.4.3　限时优惠　/　115

　　5.4.4　伪占便宜　/　116

第6章　TikTok 红人营销　/　121

6.1　寻找匹配的红人　/　123

　　6.1.1　通过 TikTok App 寻找　/　123

　　6.1.2　通过 TikTok Shop 达人广场主动建联　/　123

　　6.1.3　通过 TikTok Shop 达人广场被动建联　/　125

　　6.1.4　关注与友商合作的红人　/　127

6.2 分析红人质量 / 127
    6.2.1 红人粉丝量 / 128
    6.2.2 近期视频更新频率 / 128
    6.2.3 近期视频平均播放量 / 129
    6.2.4 粉丝结构 / 129
    6.2.5 账号类目标签 / 130

6.3 建联红人的话术 / 131
    6.3.1 建联邮箱的选择 / 132
    6.3.2 邮件主题与内容 / 132

6.4 与红人合作的三种模式 / 136
    6.4.1 免费寄样 / 136
    6.4.2 付坑位费 / 138
    6.4.3 佣金提成 / 139

6.5 与红人合作"避坑"指南 / 139

6.6 联盟营销计划的创建 / 142
    6.6.1 公开计划 / 143
    6.6.2 定向计划 / 145

第 7 章　TikTok 电商选品策略 / 149

7.1 TikTok 电商基本选品逻辑 / 151
    7.1.1 TikTok 短视频选品逻辑 / 151
    7.1.2 TikTok 直播选品逻辑 / 156

7.2 六大价值选品法 / 158

7.2.1 视觉选品法 / 159

7.2.2 认知选品法 / 161

7.2.3 趋势选品法 / 163

7.2.4 实用选品法 / 165

7.2.5 热点选品法 / 170

7.2.6 利基选品法 / 171

7.3 TikTok 短视频电商选品案例分析 / 173

7.3.1 灭鼠先锋（一款解压玩具） / 173

7.3.2 指甲刀套装 / 174

7.4 两大选品渠道解析 / 176

7.4.1 跨境电商平台渠道 / 176

7.4.2 社交平台渠道 / 179

第 8 章　TikTok 直播电商实操攻略　/ 185

8.1 开通 TikTok 直播电商权限 / 187

8.2 TikTok 直播间场景搭建 / 188

8.3 直播团队人员配置及分工 / 191

8.4 TikTok 黄金直播时间段 / 195

8.5 TikTok 主播与助播话术 / 195

8.5.1 开场/欢迎话术 / 196

8.5.2 互动/宣传话术 / 199

8.5.3 带货话术 / 206

8.5.4 活动话术 / 208

8.5.5　逼单话术　/　210

8.5.6　感谢/结束话术　/　212

8.6　TikTok 直播技巧　/　213

8.6.1　直播实用小技巧　/　213

8.6.2　直播需规避的问题　/　214

8.6.3　直播间节奏的把控　/　215

第 9 章　TikTok 直播进阶运营策略　/　219

9.1　TikTok 直播算法推荐逻辑　/　221

9.1.1　直播间流量与短视频流量的关系　/　221

9.1.2　直播流量推荐机制　/　222

9.2　TikTok 直播间冷启动的四个要诀　/　226

9.2.1　商品认知度高　/　227

9.2.2　商品性价比高　/　228

9.2.3　直播"勤奋度"高　/　229

9.2.4　销售话术强　/　230

9.3　TikTok 直播间场控与运营人员　/　231

9.3.1　TikTok 直播间场控人员　/　231

9.3.2　TikTok 直播间运营人员　/　234

9.3.3　TikTok 电商短视频与直播相结合　/　239

9.4　TikTok 直播间如何优化数据指标　/　241

9.4.1　观看-商品点击率过低　/　241

9.4.2　观看-商品点击率过高　/　242

   9.4.3 点击成交转化率过低 / 243

   9.4.4 成交密度过低 / 246

 9.5 TikTok 直播复盘流程与方法 / 248

   9.5.1 复盘观看人次 / 249

   9.5.2 复盘商品曝光次数与观看 – 商品曝光率 / 250

   9.5.3 复盘商品点击次数与商品曝光 – 点击率 / 253

   9.5.4 复盘创建订单数与商品点击 – 创建订单率 / 254

   9.5.5 复盘支付订单数与创建订单 – 支付订单率 / 255

附录 A TikTok Shop 运营技巧 / 257

非常期盼这本书能够帮助到各位读者，无论是想要了解 TikTok 电商的从业者，还是想要掌握新的商业趋势的个人或者企业，希望都能从这本书中受益。

第 1 章
TikTok 赛道的优势

1.1 什么是 TikTok

1.2 一路高歌的 TikTok

1.3 跨境电商与 TikTok 的有机结合

近些年，随着短视频与直播的兴起，国内涌现出非常多的优质短视频平台，如抖音、快手等。这些平台的出现，带动了一大批内容创作者与相关产业进行转型升级，也在很大程度上改变了人们的生活习惯和购物习惯。同时基于短视频与直播，国内也催生了许多新的商业模式。

与国内的抖音、快手等短视频平台不同，TikTok 面世于 2017 年 5 月，是面向海外市场的短视频平台。该平台上的内容创作者来自世界各地，全世界的文化、思想都在此交流碰撞，这也凸显了 TikTok 的多样性和包容性。

对于社交媒体而言，TikTok 平台的用户增长速度非常之快，越来越多的年轻人成为 TikTok 的深度用户，在 TikTok 上娱乐、社交和获取信息，这一现象也激发并形成了海外的短视频文化。

我们知道，流量的聚集地往往蕴藏着商机，而新兴的流量聚集地往往意味着新的机遇。因此，越来越多的商人将目光聚焦在 TikTok 上，将 TikTok 作为一个新的渠道开展电商业务。随着 TikTok 平台的不断发展，身处其中的商家也会不断享受平台发展带来的红利。

在当下"出海"的各条赛道上，TikTok 作为新兴的内容平台和电商平台，无论是在时间维度上还是在商家经营模式上，都拥有着巨大的机会与优势。我们主要从以下两个角度来理解。

第一是短视频。短视频正在迅猛崛起，并逐渐成为人们最常用的信息载体。

第二是跨境电商与短视频的有机结合，即二者碰撞所带来的火花与引发的化学反应。

我们将在本章给出相应介绍。

1.1 什么是 TikTok

TikTok 是一个聚焦于海外用户的社交媒体平台，也是一个 UGC（User Generated Content，用户生成内容）平台，如图 1.1.1 所示。在这里，每一位用户都可以成为内容创作者，主要产出形式便是短视频与直播。相比于 PGC（Professional Generated Content，专业生产内容）平台，TikTok 这样的 UGC 平台具有更强的社交属性，为用户提供了更多的交流互动场景，同时也通过这样的形式来激发优秀的内容创作者创造出更多优质内容。

图 1.1.1

TikTok 上多数短视频的时长在 15~60 秒。短视频的本质是一个碎片化"内容"的载体，其中的内容也是包罗万象的，涉及娱乐、生活、教育和科技等多方面。

而说到内容，我们回想最早的 2G 时代，其内容的载体是什么呢？是文字，是我们手机里某一条非常简短的资讯。到了 3G 时代，我们的内容载体是什么呢？那时已进化到了图文形式，比较有代表性的平台就是公众号。公众号上的"图文"铺天盖地而来，预示着我们进入了图文传播时代。那么到了今天，内容的载体是什么呢？随着技术和商业模式的发展，内容的载体从图文逐渐进化为短视频。

在以文字和图文为载体的时代，大家在获取信息时，需要主动去阅读、去捕获，但到了短视频时代，大家获取信息的方式是更为简单的被动接收。可以回想一下，我们是在看书的时候容易走神，还是在看短视频的时候容易走神？

我相信答案一定是看书的时候容易走神，为什么呢？因为主动捕获知识，需要更强的专注力，需要耗费更多的精力，但在看短视频时，信息是被动接收的。从精力消耗方面看，观看短视频是更加轻松的。所以从文字进化到图文，再进化到短视频，是一个必然的趋势，这是从主动、困难地捕获信息到被动、简易地接收信息的转变。

因此我们相信，随着时间的推移与技术的发展，短视频与直播在海外同样会大放异彩，TikTok 也一定会大有可为。

1.2　一路高歌的 TikTok

TikTok 于 2017 年 5 月面世，仅用 1 年多的时间，便在日本市场获得 Apple Store 年度热门免费应用榜第一名，同时在 Google Play

的年度大奖评选中获得了印尼"最佳应用"奖项。

在 2021 年年底,《华尔街日报》称,根据追踪 Cloudflar 的数据,发现 TikTok 的访问量已经超过了 Google,成为 2021 年全球访问量最高的网站。

自 TikTok 面世以来,作为一款社交 App,我们看到了其飞快的增长速度与巨大的发展潜力。截至 2021 年 9 月,TikTok 月活用户数(月活跃用户数)突破 10 亿人大关,从 0 走到 10 亿,仅用了 4 年时间,这在以往的多数世界级社交 App 中是极其罕见的。而在 2022 年 10 月,TikTok 完成了从月活用户数 10 亿人到日活用户数(日活跃用户数)10 亿人的跃迁。月活用户数往往代表着一款 App 对市场的渗透度,而日活用户数往往代表着这款 App 的用户黏性。

由此可知,无论是在市场渗透度上还是在用户黏性上,TikTok 都具有非常优异的表现。当然,这其中的时代机遇同样不可忽视。如此快速的增长离不开近些年移动互联网的发展、基建设施的完善。这也说明了 TikTok 在时代大势下拥有更加优渥的成长环境与成长空间,同时也拥有着巨大的商业机会。

从上述 TikTok 发展历程可知,在今天,TikTok 平台拥有了庞大的用户群体,每天有 10 亿人会打开这款软件。而从商业模式上来讲,一款软件不能只有用户,还要能带来收益,因此 TikTok 商业化是非常重要的一步,也是必须完成的一步。而商业化的进程也往往可以从侧面反映出 TikTok 能够给商家、广告主提供的收益与价值。

从商业化的角度看,市场研究公司 eMarketer 的数据显示,

TikTok在2021年获得了近40亿美元的收入,而在2022年的收入更是达到了100亿美元,实现了翻倍增长。在接下来的几年里,预测收入将持续增长。

再看另一款同样为月活用户数达10亿量级的老牌社交App——Facebook,该公司公布的2021年四季度财报的数据显示,其全年营收为1179.29亿美元,远比TikTok高。而对于流量生意来说,流量在哪里,资金就会流向哪里,因此同为月活用户数达10亿量级的社交App,从TikTok当下的营收情况来看,其价值是被严重低估的。随着市场与产品的成熟,TikTok流量的价值与电商份额在未来会有非常大的上涨空间。

1.3 跨境电商与TikTok的有机结合

我国跨境电商发展至今,有着近10年的历史,其间涌现出了无数优秀的跨境电商企业。直到今天,其出口市场仍然具有很大的增长空间,而我们凭借着强大的供应链能力,也将是全球电商市场主要的供应链基地之一。

据中国政府网消息,在2021年,中国跨境电商进出口规模接近2万亿元,同比上一年增长了18.6%,且在2020年同比上一年增长了25.7%。高速增长意味着跨境电商行业无论是过去、现在,还是可预见的未来,都具有巨大的发展前景和发展潜力。

在跨境电商业态的早期,商家的渠道往往集中在第三方平台,通过第三方平台完成与 C 端客户的交易，而随着科技与互联网的发展，近几年跨境电商从业者售卖与推广的渠道逐渐呈现出了多元化态势，如以 Shopify 为代表的独立站，以 Facebook、Instagram、YouTube 为代表的社交平台，以 Google、Bing 为代表的搜索引擎等。

随着短视频与直播作为新时代内容载体不断渗透入人们生活的方方面面，它们的内容社交平台也必将成为接下来一段时间内较为主流的传播媒体，在这里也将聚集着大量人流量。这一点已经在国内外许多内容社交平台上得到了验证。而 TikTok 作为新兴的短视频与直播社交平台，必将成为一个新的强有力的跨境电商销售渠道。

我们知道，许多互联网的生意都是流量的生意，互联网电商也不例外，TikTok 便是大量流量的聚集地。TikTok 发展至今，作为当之无愧的世界级头部短视频、直播社交媒体平台，其发展潜力毋庸置疑。当下已经有许多具有前瞻性的跨境电商卖家将 TikTok 作为新的主要销售渠道，无论是通过短视频卖货还是通过直播卖货，都做出了优异的成绩，在 TikTok 中布局了新的增长点。

在跨境电商蓬勃发展与 TikTok 平台迅速崛起的双重加持下，相信 TikTok 跨境电商将会带来"1+1"远大于"2"的效果。

第 2 章
TikTok 电商的基本逻辑

2.1 商家视角与用户视角

2.2 电商闭环中所需的能力与资源

2.3 庞大的 TikTok 流量如何转化

对于许多电商新人而言，TikTok电商似乎拥有一个非常复杂的体系，且需要账号运营人员有一定的相关知识储备；但如果我们从这件事的本质出发，就会发现想做好TikTok电商，其实并不难。

许多看上去错综复杂的东西，其实都是TikTok这棵大树的"树枝"和"树叶"，而我们只需要摸清楚"树干"，"树枝"和"树叶"就会自然而然地生长出来。TikTok电商的本质仍然是"商品交易"，因此我们以商品交易的思路来思考TikTok电商需要打通哪些闭环，就会自然且顺畅地将思路打通。

接下来，我们分别从商家视角与用户视角给大家剖析TikTok电商的整体链路，同时向大家介绍运营TikTok电商需要具备哪些能力，以及如何提高关键能力。

2.1 商家视角与用户视角

2.1.1 商家视角

在本节中,我们先从商家视角将 TikTok 电商的整体思路与流程梳理一遍。假设我们想在国外开设一家线下实体商店,需要打通哪些环节呢?如图 2.1.1 所示。

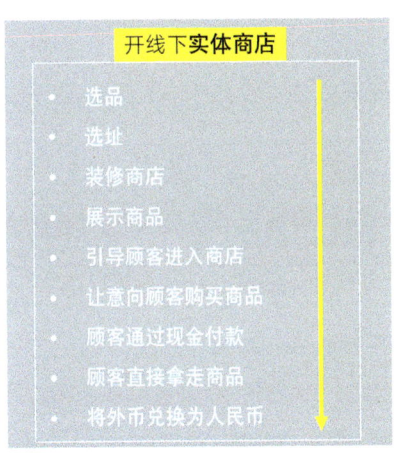

图 2.1.1

第一步,选品。通俗一点说,便是需要思考做哪个行业和品类的生意,选好想要卖的商品。无论是线上生意还是线下生意,选品都是重中之重,会对后续经营带来很大的影响。

第二步,选址。很多卖家会有一个误区,认为开线下店应该先选址,但其实商店的地址应该由商品来决定。例如,我们想开一家面向上班族的早餐店、包子铺,那么就不能选择大商场的五楼,因为大部分上班族不会一大早跑进商场的五楼买一份早餐,所以我们应该把早餐店开在写字楼下,或者上班期间人流密集的其他地点。所以说,第一步应该是选品,第二步才是选址。

第三步,装修商店。我们力求将最好的一面展示给顾客,既能体现我们的专业性,也能让顾客拥有更好的购物体验。

第四步,便是思考如何展示商品,也就是通过商品的陈列,在顾客走进商店时可以清晰地看到有哪些优质的商品,并且陈列形式要能充分展示商品的卖点。

第五步,引导顾客进入商店。我们需要思考的是如何吆喝、如何宣传,最终让更多精准顾客走进商店。

第六步,让顾客购买商品。当顾客进入商店之后,我们需要思考的是如何促成交易、引导成交,这也是销售环节中最为重要的一环。

第七步,顾客决定购买商品后,此时我们与顾客一手交钱、一手交货,也就是图 2.1.1 中的"顾客通过现金付款"和"顾客直接拿走商品"两个步骤,至此交易完成。

最后,当交易顺利完成后,我们收到的货币是外币。如果需要回到中国使用,那么我们还需要思考一个问题:如何将外币兑换为人民币。

至此,整个交易闭环就打通了。

我们回到 TikTok 电商,其闭环思路与上述开商店的思路基本一致,如图 2.1.2 所示,其本质都是通过某一个场景完成商品交易。

第 2 章 TikTok 电商的基本逻辑

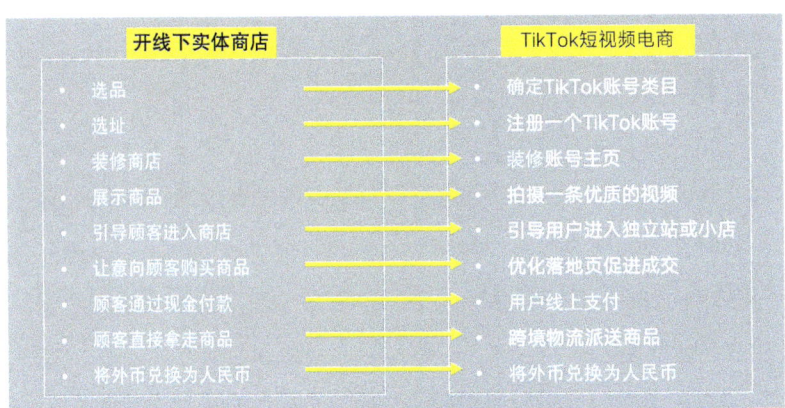

图 2.1.2

第一步，我们仍然需要选择一个品类。因为品类决定了后续的经营方向，如拍摄什么风格的视频、打造什么样的账号人设等，所以在这一步要确定 TikTok 账号类目。

开线下商店的第二步是选址，即租一间店铺进行商品展示，而在 TikTok 中，承担商品展示的载体便是 TikTok 账号，因此在这一步，我们应该注册一个 TikTok 账号。

第三步，在注册账号之后，首要的事情就是装修账号主页。与经营线下商店一样，需要通过装修账号来体现我们的专业性，也可以让用户更快地了解我们。

第四步，装修好账号主页之后，接下来需要为商品提供一个展示的空间。在这里虽然没有实体空间可以用于展示，但我们可以通过拍摄一条优质的视频来抓住用户的眼球，以此来对商品进行展示。

第五步，当商品以视频的形式"陈列"并"展示"在主页上时，我们同样需要像线下门店一样吆喝，通过文字、语音、图像等形式引导用户进入独立站或小店。

第六步，优化落地页促进成交。具体来说，我们需要在落地页中与用户完成交互。无论落地页是自建的独立站还是 TikTok 小店，都需要思考如何装修我们的落地页，目的就是能够让用户对商品更感兴趣，对我们的 TikTok 账号也更加信任，从而停留更长的时间，增加成交的概率。

第七步，当用户产生了购买意愿，需要下单购买时，便和线下商店有着非常本质的区别。在这里，我们需要打通线上收付款的功能，当用户完成线上支付后，还有一个非常重要的环节——打通跨境物流运输功能，即通过跨境物流派送商品。

最后一步则是一样的——将外币兑换为人民币，至此 TikTok 电商的完整闭环便正式结束了。

2.1.2 用户视角

上节展示的是 TikTok 电商的整体运营思路，即从 0 到 1 的整个流程，但要注意的是，这仅仅是从商家的视角来看的。从用户的视角来看，他们在整个购物的过程中经历了哪些环节呢？本节我们来还原一下。

图 2.1.3 展示的是用户视角下的 TikTok 电商整体思路流程图。在 TikTok，用户与我们的第一次接触往往是通过我们发布的某一条视频开始的，因此购物过程中的第一步便是用户观看视频。当他们

在 TikTok 上看到某条视频时，如果对这条视频中的商品非常喜欢，便到了第二步——被激发兴趣。第三步，通过视频中的文案、语音或图片的引导，用户进入主页或点击购物车。第四步，用户会点击主页链接或商品链接。第五步是用户进入落地页。紧接着，通过落地页对商品的描述以及对用户的服务保障，促使用户进入最后一步——下单，即在落地页中购买自己心仪的商品。

从用户视角来看，大家会发现整个交易过程相对较短。但其实这里的每一个步骤都是环环相扣的，每一处引导都需要商家用心设计，少了中间任何一个环节，都会导致无法完成交易。

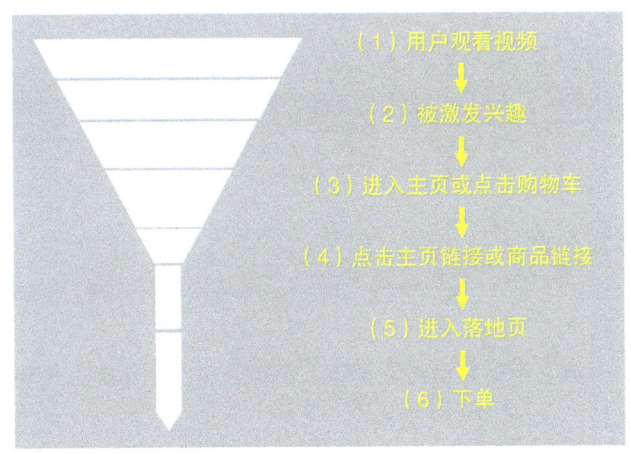

图 2.1.3

曾经有小伙伴问我：

"Sky，帮我看一下我的账号，为什么这条视频有 800 万次播放量，但是却没有促成一单呢？"

关于这个问题，很多小伙伴也会有疑惑，这到底是为什么呢？其实答案就在问题里。这个"问题"本身就有问题。在提出这个问题之前，这位小伙伴的思考逻辑是：高播放量对应着有订单。可是殊不知，从用户看到视频到促使他下单，中间还包括引导进站、优化落地页、引导下单、优化支付通道等一系列的重要环节。

因此，我们在进行 TikTok 电商带货时，一定要理顺思路，摸清每一个节点，并将其打通，闭环自然而然就打通了。

2.2　电商闭环中所需的能力与资源

我们理顺了 TikTok 电商整体操作思路之后，接下来，思考一个问题：

做 TikTok 电商需要拥有何种资源以及具备哪些核心能力呢？

关于这个问题，我们围绕一件商品的流通闭环进行一一拆解。

（1）要做电商，首先要有商品或服务，也就是我们要卖什么。相对地，所需的第一个资源就是：供应链资源。

（2）基于商品或服务，接下来还需要找到客户。做 TikTok 电商，客户自然要从 TikTok 上找，体现在 TikTok 上的能力便是：获取流量的能力。

（3）找到客户之后，需要在哪里展示我们的商品呢？这就涉及线上商店的搭建。在跨境电商方面，线上商店涉及很多种类型，可以是平台类的 Amazon、eBay、Lazada 等，也可以是自己通过建站工具搭建的独立网站，其中建站平台有 Shopify、SHOPLINE、店匠，等等。

通常来讲，对于 TikTok 的流量，我们更建议用 TikTok Shop 或 Shopify 独立站进行承接，因为无论从收益的角度，还是从 TikTok 平台支持的角度，这两个渠道都是最优的。因此，这里就需要我们入驻 TikTok Shop 或具备独立站搭建能力。

（4）假设第三步已完成，顾客就可以在 TikTok Shop 或独立站看到我们的商品了，那么顾客如何支付费用呢？这里就涉及收款渠道搭建能力。

（5）客户付款之后，我们需要把商品送到客户的手上，这一步需要拥有跨境物流资源。

至此，我们完成了一件商品流通的闭环。整理一下，做 TikTok 电商至少需要具备以下五项主要能力或资源。

- 供应链资源。
- 获取流量的能力。
- 独立站搭建能力。
- 收款渠道搭建能力。
- 跨境物流资源。

新手入局，在以上五项中，哪一项才是做 TikTok 电商最核心、最重要的能力呢？答案是：获取流量的能力。

我们再来具体分析。

（1）供应链资源。中国是制造业大国，供应链产业已经非常成熟与完善。作为 TikTok 新手，在规模没有做到足够大之前，阿里1688 等批发网站可以满足大部分供应链的需求。

（2）获取流量的能力。流量在哪里，价值就在哪里，而流量的获取环境不是单一的，而是多变的，因此在多变环境下可以稳定获取流量便是一项非常重要的能力，也是很有挑战的事情。

（3）独立站搭建能力。这属于技术上的能力，各个渠道和平台上的相关教程有很多，只要大家肯下功夫学习，基本是人人都可以跨越的门槛。

（4）收款渠道搭建能力。收款渠道的搭建，无非就是两件事情：费用和时间。该项能力也可以归为技术上的能力，因此也是人人都可以跨越的门槛。

（5）跨境物流资源。我国跨境电商已经发展多年，跨境物流产业也相当成熟，只是找到值得信任且合适的合作伙伴，需要一定的时间和机遇，但这并不是特别困难的事情。

总结来看，在跨境电商的市场竞争中，普遍能够习得且确定性较高的能力，往往都不是最核心的能力，我们将这些能力统称为"基础建设能力"。随着时间的推移、业务的推进，具备这些能力并不难，如上述的独立站搭建能力、收款渠道搭建能力。

在市场竞争中，真正比拼的往往是"人无我有"的能力，也往往是不确定性较高的能力,而获取流量的能力便是上述几项中,最核心、不确定性最高的能力,因此也是最重要的能力。

2.3 庞大的 TikTok 流量如何转化

TikTok 的月活用户数在 2021 年 9 月突破 10 亿大关,迈入 10 亿级短视频平台俱乐部,成为一款世界级 App,而这仅仅用了四年多的时间。可以预测,未来将会有更加庞大的流量聚集在 TikTok 上。那么从电商角度看,TikTok 的流量如何转化,则是众多商家需要深思的关键性问题。

2.3.1 流量的两个特性

想要解决这个问题,在流量转化的过程中,我们首先要了解 TikTok 流量的两个特性:精准性和即时性。

1. 精准性

我们知道,在转化漏斗中,先有流量才会有转化。因此在思考如何转化之前,要解决两个问题,一是如何获取流量,二是如何获取精准流量。

流量从精准性的角度可以被划分为精准流量与非精准流量。相比较而言,获取流量并不是最难的,而获取精准流量才是商家面临的最大挑战,也只有精准流量才能让我们跑通商业闭环。

对于大多数商业行为，精准流量会比非精准流量的价值高成千上万倍，如何理解精准流量与非精准流量呢？举个例子，我们把水比作流量，一个人非常口渴，外面下着倾盆大雨，流量非常大，这个人走到外面张嘴想要喝水，会发现站在雨中很久也喝不到多少水。当他回到家中，发现桌子上有一碗水，他拿起碗只喝了几口，便解决了口渴的问题。这就是精准流量（碗里的水）与非精准流量（倾盆大雨）的差别。

2. 即时性

从流量的即时性角度来看，在我们的视频被推送给了大量的TikTok用户后，这些用户也只会在被推送的这一刻看到该视频，我们将这一刻视为"流量正在经过我们的视频"。这些用户未来回看该视频的概率可以忽略不计，所以系统为我们的视频推送的流量只有"在经过的时候"才有价值。无论一个TikTok账号拥有多少粉丝，短视频有多少播放量，一旦这些流量过去了，它们也仅仅是一个数字。

2.3.2 TikTok流量转化方法

针对TikTok流量的这两种特性，若想在TikTok庞大的流量池中完成转化，也要从两个方面来解决。

第一个方面，学会过滤流量。由于流量的精准性非常重要，因此首先需要学会如何过滤流量，以便在倾盆大雨中找到精准的流量池，这也是每一名TikTok运营人员需要掌握的必备技能。

在TikTok流量分发过程中，系统会根据不同的视频或直播的内容分发给相应的 TikTok 用户，因此过滤流量的核心途径便是优化内容。其工具和方法也有很多种，最简单的有语言工具、文化工具、音乐工具等，我们可以通过使用这些工具来控制视频流量走向。举个例子，假如我们今天想要让视频的流量分发给泰国用户，那么其他区域的用户对于我们来说就是不精准的，因此可以在视频内容中插入泰语文案，这样便有很大概率过滤掉其他区域的流量。

第二个方面，提前准备好转化链路。由于流量存在即时性，因此我们要在流量到来之前，准备好转化链路，准备好承接的"池子"。

那么有哪些方法可以对流量进行承接呢？如果期望在 TikTok 内部完成电商全链路的闭环，推荐在 TikTok Shop 上创建店铺；如果期望在站外进行成交，那么也可以提前搭建好 Shopify 独立站店铺；如果觉得自己搭建店铺并解决物流、供应链等问题有一定的难度，也可以在联盟商城中寻找别人的商品进行带货赚取佣金。总之，我们需要在通过内容获取流量之前先完成转化链路的搭建。

同时，我们在 TikTok 平台追求的也永远是"未来"的流量，已经"过去"的流量几乎是没有价值的。例如，某一条视频显示有 1000 万次播放量，这些流量在未来还会给我们带来新的订单吗？不会，这个数字只代表流量曾经来过。因此从流量端来看，我们需要的永远是下一波流量。

第 3 章
TikTok 原创短视频创作与剪辑

▶

3.1　TikTok 短视频拍摄与剪辑技巧

3.2　TikTok 短视频内容、脚本设计思路

3.3　TikTok 短视频文案与模板

3.4　TikTok 短视频背景音乐

3.5　高效产出 TikTok 短视频的方法

在完成TikTok电商闭环的过程中，需要TikTok运营者及团队具备多项能力。其中，内容创作能力是运营TikTok的重中之重，它是非常核心的能力之一。因此，对原创内容的创作与剪辑，是运营团队必须要学习和掌握的。

本章将讲解运营者如何能够快速上手制作出优秀的电商短视频。

3.1 TikTok 短视频拍摄与剪辑技巧

在 TikTok 短视频创作过程中，有许多元素是必不可少的，如视频主体、视频音乐、视频文案等。而视频主体的创作又是整个短视频创作的核心，是重中之重。因此，本节我将帮助大家梳理优秀的 TikTok 短视频应该具备哪些特质，以及相关拍摄和剪辑的技巧。

3.1.1 优质短视频必备的三大条件

优质短视频往往具备以下三个条件。

1. 画质清晰

画质是否清晰，其判断标准往往遵循的是木桶理论。换言之，视频画质是否清晰，是由众多因素中最"短"的那块板决定的。那么都有哪些因素呢？例如有拍摄设备、场景灯光、后期剪辑、传输损耗，等等。因此我们在提升视频画质清晰度的过程中，应该全方位地注意各个细节。

从拍摄设备来看，我们目前的需求主要是做电商带货类短视频，因此市面上的主流手机便可以满足拍摄需求。当然也不要选择版本太老的手机，例如，iPhone 7 的拍摄画质就已经不太能满足我们的需求了。苹果手机建议使用 iPhone 11 以上的版本，安卓手机建议使用华为 P40 以上的版本。

在场景灯光方面，首要原则是聚焦商品的光线不能太暗。如果光线较暗，就会导致视频中有非常多的噪点，进而导致视频画质不清晰。

在后期剪辑和传输的过程中，需要防止视频画质下降。很多人在传输视频的时候会习惯性地用微信传输，传输之后便会发现视频画质大幅下降，或者剪辑完成后，导出视频的分辨率与帧率没有选择正确，致使视频画质与流畅度均下降。那么，如何防止这种情况发生呢？其实，只需要在每一步传输和导出的过程中确保无损传输即可。推荐的无损传输方法具体如下。

（1）苹果设备之间互传：使用苹果设备的隔空投送（AirDrop）。

（2）其他设备之间互传：通过数据线传输。

（3）较为方便的无损互传软件：企业微信。

2. 突出重点

突出重点的方法有许多种，我们通常可以通过营销设计、构图设计、情节设计等方法来对重点内容加以突出，这里主要和大家分享通过简单的构图设计突出重点内容的方法。

在短视频的拍摄构图中，中心构图法是能够简单、直接突出重点内容的方法。观众在看短视频的时候，视觉往往是被锁定在视频中心的，如果视频的主体内容在视频画面里飘忽不定，则会增加观众的观看难度，从而导致观众对我们的视频失去兴趣。

先来看一条优秀的视频构图，如图3.1.1所示。在图3.1.1中，将视频画面划分为九宫格的形式。我们会发现对于视频的任何一个场景，其画面核心都在九宫格的中心位置。这样观众的视线就被牢牢地锁定在了视频的中心位置，观众观看时就会非常轻松地接收到视频创作者想要表达的主旨。

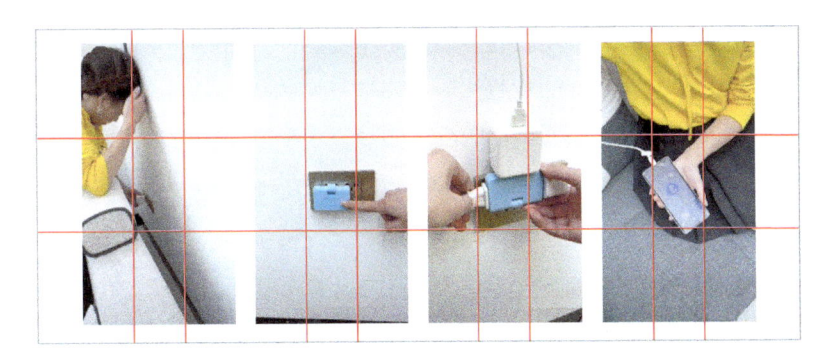

图 3.1.1

接着,我们来看另一个反面案例,如图 3.1.2 所示。这条视频是想通过开箱测评的形式对商品进行展示,整体思路没有太大的问题,但是在拍摄与剪辑上仍有很大的优化提升空间。

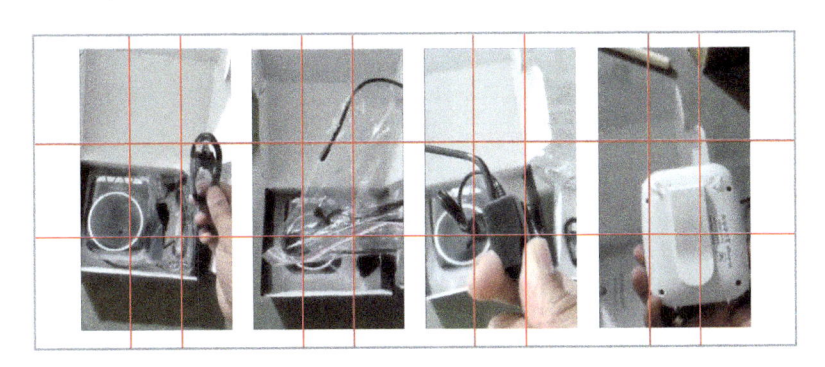

图 3.1.2

图 3.1.2 中,左一图所展示的商品偏离九宫格中心,出现在了屏幕的右边;左二图中所要展示的核心内容不够聚焦,基本铺满了屏幕的每一个格子;左三图中要展示的主要内容在画面中心偏下位置;左四图中展示的是商品的主体,但主要位置处于视频画面的下半部分。

由此可见，这条视频在展示过程中的构图方法并不合理。从观众的角度来看，整体的观看体验是非常不好的。因为这条视频没有视觉重点，这使得观众的视线非常飘忽，他们不知道该将视线锁定在哪个区域。再者，这条视频的核心内容在画面中处于偏下的位置，而我们知道观众在看 TikTok 视频的时候，视频画面的下半部分往往会被账号名称、标题、标签等内容遮挡，这会让观众在观感上产生不好的体验。

因此，在拍摄视频的时候，如果对于构图没有特别多的思路，可以直接用中心构图法完成拍摄。这个构图方法既简单又直观，能够非常好地将视频重点凸显出来。

3. 节奏感强

在以往传统的货架电商平台，多数视频以品牌宣传为目的，视频的节奏较为平缓，以期展示出更多的细节。如果用户非常想要了解这一款商品，是有足够的耐心将其看完的。但是 TikTok 上大部分用户的耐心是有限的，能够给我们的时间也是很少的，因此这一类视频发布在 TikTok 上显然就不太合适。

TikTok 作为短视频平台，内容密度高、视频"短平快"是其独特之处，这些特质也更受用户欢迎。因此，这就要求视频要具有较强的节奏感。

举个例子，假如我们在拍摄视频时，需要让模特做一个"打开商品包装"的动作，传统的中长视频往往会缓慢地运镜，将"打开商品包装"这一动作从头到尾完整展示在观众眼前，这可能会耗时10 秒。但 TikTok 的短视频则不会这样做，TikTok 上的短视频往往会将这些"观众能够预知"的动作与内容进行加速处理或简单交代便跳过,往往耗时仅需 1~2 秒。将 10 秒的内容压缩到 1~2 秒,这就增加了每一秒的内容密度。

3.1.2 短视频拍摄设备与工具推荐

"工欲善其事,必先利其器。"下面简单介绍一下关于视频拍摄的设备与剪辑的工具。

关于拍摄设备,许多小伙伴会觉得,要拍摄视频,一定要有专业的相机、摄影机,要有摄影棚、摄影器材等。其实不然,在很多情况下一部手机就能满足我们 90% 的拍摄需求。首先,如 3.1.1 节所述,安卓手机推荐华为 P40 以上的版本,苹果手机推荐 iPhone 11 以上的版本,其次就是根据拍摄场景、内容,增添一些灯具、手机支架等基础设备。

关于剪辑工具,选择有很多,例如 PC 端常用的有 Pr(Adobe Premiere Pro,指由 Adobe 公司开发的一款视频编辑软件)、达芬奇剪辑、剪映,等等,手机端最常用的就是剪映。Pr 和达芬奇这一类剪辑工具,功能非常强大,但是你会发现在电商短视频的剪辑过程中,其一大半的功能都用不上;而剪映作为一款轻量级、易上手的剪辑软件,能够解决大家在创作短视频时的大部分需求。因此在初期,无论是 PC 端还是手机端,都推荐大家使用剪映。

许多新手在刚刚拍摄、创作原创 TikTok 短视频的时候,会有畏难情绪,但其实拍摄的门槛和成本并不高,走出第一步最重要。

关于剪映的常用功能，接下来给大家做一个简单介绍。

（1）打开剪映 App 之后，点击"开始创作"，如图 3.1.3 所示。

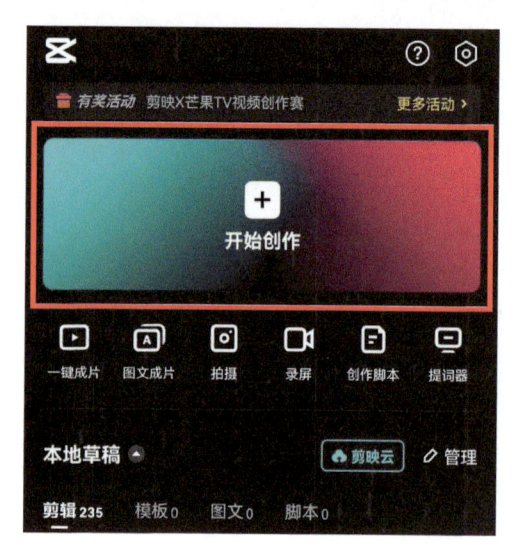

图 3.1.3

（2）在相册中选择一个想要剪辑的视频，如图 3.1.4 所示。

图 3.1.4

（3）导入视频之后会进入剪辑页面，可以在页面下方看到剪映的各个主要功能，分别有剪辑、音频、文字、贴纸、画中画、特效、一键包装、素材包、滤镜、比例、背景、调节，等等，如图 3.1.5 所示。

图 3.1.5

（4）点击"剪辑"，进入"剪辑"的二级目录，如图 3.1.6 所示。

图 3.1.6

在这里可以对视频进行各项剪辑操作。

- "分割"指的是可以在一条视频的某个节点上将视频切为两段。
- "变速"指的是可以将视频加速或减速。这一项在剪辑中是非常常用的功能。
- "动画"指的是给视频添加入场动画、出场动画和组合动画。
- "抖音玩法"指的是可以将抖音中常用的特效效果一键应用到视频当中。
- "音频分离"指的是可以将视频中的音频单独提取出来。这里需要注意的是，如果想要将提取出的音频用于视频剪辑当中，建议提前进行"版权校验"。"版权校验"功能在一级目录的"音频"中可以找到。
- "智能抠像"指的是可以对带有人像的视频进行自动识别处理，将人像从背景中抠出，生成一个透明背景的人像视频。这个功能常用于需要场景切换的视频。
- "编辑"指的是对视频进行旋转、镜像、裁剪等操作。
- "蒙版"指的是对视频的某一部分进行遮挡。在创作过程中，巧用蒙版可以做出非常具有创意的视频。
- "色度抠图"指的是将视频中的某一种颜色抠为透明色，常用于绿幕抠图。
- "降噪"则可以对视频中杂乱的背景噪音进行过滤。

"滤镜""调节""美颜美体""切画中画""替换""防抖""不透明度"等功能就很好理解了，这里不做赘述。

（5）返回一级目录，点击"音频"，进入"音频"的二级目录，如图 3.1.7 所示。

在这里，可以给视频配上相应的音乐。

- 利用"音乐"功能，可以选取音乐库中的音乐。
- 利用"版权校验"功能，可以对背景音乐的版权进行校验。如果背景音乐并未获得授权，当视频发布到 TikTok 平台时，则会被判侵权，从而导致视频违规。
- "音效"中有笑声、机械、游戏等各种各样的音效。
- 利用"提取音乐"功能，可以将视频中的音乐提取出来。

（6）返回一级目录，点击"文字"，进入"文字"的二级目录，如图 3.1.8 所示。

在这里可以给视频添加各式各样的文字。

- "新建文本"，指可以生成一个新的文本框。
- "文字模板"中包含很多已经做好的文字特效，可以拿来即用。
- "识别字幕"，指可以识别视频中的语言，自动生成对应的字幕，中文英文皆可识别。
- "识别歌词"功能仅支持国语歌曲（版本 8.2.0）。

（7）返回一级目录，点击"画中画"，进入"画中画"的二级目录，如图 3.1.9 所示。

图 3.1.7　　　　　　　　　图 3.1.8

如果我们希望两条及以上的视频，或视频与图片重叠在同一个时间点上，展示在同一个画面中，就需要使用"画中画"功能。点击"新增画中画"，在相册中选中想要插入的视频或图片，便可将视频或图片重叠在一起。画中画功能的应用场景非常多，大家要灵活运用。

（8）返回一级目录，点击"特效"，进入"特效"的二级目录，如图 3.1.10 所示。

- "画面特效"中有非常多的特效模板，为我们省去了手工制作特效的麻烦。但这里也要提醒大家，在视频剪辑的过程中，并不是特效越多越"酷炫",效果就会越好,很多时候"无脑"加特效反而会影响观众对视频的观感体验。

- "人脸特效"中的特效皆是应用在人脸上的,因此要求视频中有清晰的人脸画面。

图 3.1.9

图 3.1.10

剪映中的功能非常多,还有一些非常简单的功能就不一一介绍了。学习使用剪辑工具,看说明书固然重要,但更重要的还是上手实操。在实践的过程中,很多问题会迎刃而解,我们也会涌现出非常多的创作灵感。所以大家看到这里就不要犹豫了,赶快在手机或电脑上下载一个剪映软件,随手拍一条视频,尝试剪辑一下吧。

3.2 TikTok 短视频内容、脚本设计思路

在正式讲解之前,我们首先要理解书中经常会提到的概念——内容力。什么是内容力呢?

我们经常会看到一些平平无奇的视频,单纯地将商品在画面中进行展示:可能是商品在视频中不断旋转,可能是节奏缓慢地展示某些静态应用场景,更有甚者视频中直接放上一张持续播放 5 秒的照片。这些内容有内容力吗?或许有,但一定非常弱。

什么样的内容是具有内容力的呢?举个极端的案例,今天我们的直播间或者短视频要推广的商品是售价为 5 折的 iPhone 手机、5 折的 Switch 游戏机,这样的内容有没有内容力?有,而且很强。再举例,今天我们直播间的主播节奏感、展现力特别强,主播妆容也特别好看,非常吸引人,这样的内容有没有内容力?也有。

一言以蔽之,我们经常讲的内容力是什么,就是内容对观众的吸引力。

3.2.1 如何理解带货内容

具有强大内容力的视频有很多,是不是每一条都适合带货呢?不一定,有些视频内容适合传播知识,有些视频内容适合休闲娱乐,也有一些视频内容适合电商带货。

那么，什么样的内容才适合带货呢？这里有一个核心要点：内容一定是从商品中生长出来的。

这句话如何理解呢？举个例子，如果我们今天想要卖一条非常漂亮的长裙，请了一位美女主播来直播间介绍裙子。在直播的时候我们觉得她干巴巴地介绍这条裙子没什么亮点，没什么内容力，所以我们让这位非常漂亮的主播穿上长裙翩翩起舞。接着，我们就发现直播间的观众人数开始不断飙升。

然而，接下来马上就会有另一个问题：观众确实非常多，但就是不出单，这是为什么呢？这时候首先需要思考，我们对直播间的直播设计，是不是从商品中生长出来的？有的小伙伴可能会说，我们在卖这条裙子，主播也是穿着这条裙子在跳舞，二者是有很强的关联性的，并没有脱离商品。但其实"美女主播跳舞"的内容力已经完全掩盖了这条裙子的内容力，观众的注意力根本不在这条裙子上，而在美女主播跳舞这一"内容"上。这其实将我们的"带货内容"完全依附在了其他内容上。"带货内容"可以在其他内容上进行借力，但不应该完全依附在其他内容上，"带货内容"一定是从商品中生长出来的。

许多电商短视频新手会认为，视频一定要有复杂的剧情或具有创意的情节才会吸引观众。但其实这种做法往往会喧宾夺主，让观众只顾着看剧情而忽视了电商的核心——商品。我们需要记得的是，当观众看完一条优质的电商视频之后，会夸赞视频中的商品是一款好商品；而观众看完一条不合格的电商视频之后，会夸赞这是一条好的视频 [例如为人乐道的"泰国神广告"，其实 ROI（投资回报率）

并不高]。因此在创作电商内容时,一定要记得突出商品,让内容围绕商品展开。

3.2.2 如何设计带货内容

带货内容具体应该如何设计呢?有没有什么可遵循的底层逻辑和可套用的模板呢?

接下来向大家介绍 4 种 TikTok 电商短视频的带货内容逻辑。构成这些逻辑的要素分为 4 个展示场景,具体如下。

(1)痛点。展示生活中遇到的痛点。

(2)外观。展示商品外观与样式。

(3)使用。展示使用方法与使用场景。

(4)效果。展示商品的使用效果。

通过对上述 4 个展示场景进行不同方式的组合,可以得到以下 4 种组合逻辑。

1. 顺序逻辑

场景排序:(1)痛点→(2)外观→(3)使用→(4)效果。

视频开篇首先向观众展示生活中遇到的痛点,之后就要向观众提出解决痛点的办法,然后顺其自然地开始对商品进行展示,接着展示商品在实际应用中的使用方法和使用场景,最后展示商品使用效果的画面。

这个顺序逻辑是4种场景中应用最广泛的场景，大多数的实用型商品都可以采用这种逻辑进行内容创作。

2. 倒叙逻辑

场景排序：（4）效果→（2）外观→（3）使用。

倒叙逻辑适用于使用效果非常明显、使用前后有强烈对比的商品。

我们以曾经的爆款商品——鱼鳞抹布为例。这款商品在厨房清洁的过程中，清洁能力确实非常强，那么我们如何展示呢？首先在厨房的操作台上倒上污渍，用鱼鳞抹布擦拭时，擦一半留一半。擦掉的那一部分非常干净，留下的那一部分和擦干净的那一部分之间便会有一条非常明显的分界线，形成了鲜明的对比，从而很好地突出了鱼鳞抹布强劲的清洁能力。

创作者通过视频，在开篇就给观众展示商品的使用效果，通过强烈的前后对比博取观众的眼球，吸引他们的注意力，接着再对商品娓娓道来，展示商品的外观与样式，以及商品具体的使用方法与使用场景。

3. 带入场景逻辑

场景排序：（3）使用→（3）使用→（3）使用→（4）效果。

带入场景的逻辑适合哪些商品呢？

该逻辑普遍适用于观众第一眼很难感受到商品价值，觉得其价值比较"鸡肋"的商品，因此我们需要通过场景带入让观众体会到它的价值。那么在这套逻辑中，有一个核心要点就是场景一定要多，每增加一个场景便可拓宽一定的受众范围，无论是人群范围还是场景范围，都可以得到拓展。

4. 教学逻辑

场景排序：（2）外观→（3）使用→（4）效果。

教学逻辑与顺序逻辑在场景排序上非常类似，仅仅比顺序逻辑少了展示痛点的场景，但二者展示的核心内容有很大差别。

教学逻辑的核心目的在于，展示商品最终的使用效果，以及商品在日常生活中能够给我们带来哪些好处，而顺序逻辑的出发点和落脚点都在于解决问题、解决痛点。所以，适用于教学逻辑的商品类似于可以给生活"锦上添花"的商品，而适用于顺序逻辑的商品更类似于给生活"雪中送炭"的商品。

带货视频的逻辑和脚本非常多，创意也是无穷无尽的，而这里介绍的仅仅是大多数小伙伴比较容易上手且能做出非常好的效果的一些方法。期待在未来的学习和实操中，大家可以探索出更多更高阶的方法和技巧，也欢迎关注我的公众号"Sky 老思"，获取更多新思路。

3.3　TikTok 短视频文案与模板

我们知道，TikTok 短视频的黄金三要素分别为视频、文案和音乐，而这三要素中的文案，往往可以起到画龙点睛的作用。因此在短视频创作中，一定要发挥好文案的力量。

本节向大家介绍比较常用的带货文案写法与模板。首先，我们要清楚，运营 TikTok 账号的过程中，在视频或账号主页面的哪些位置比较适合做文案营销。

我们归纳为四处，具体如下。

（1）视频画面。

（2）视频标题。

（3）视频评论区。

（4）主页简介。

接下来逐一讲解不同位置的文案应该怎么写。

3.3.1 视频画面

为视频画面准备文案的核心目的是"画龙点睛，切忌喧宾夺主"，如图 3.3.1 所示。

具体有哪些注意事项呢？我们在写文案的时候，首先要言简意赅，篇幅千万不要过长，内容要简短，字号也不能太大。

为什么要这样做呢？如果视频画面上的文字字号太大，或者写得太多，会对视频的画面形成严重遮挡。很多创作者在创作视频的时候，担心视频所要传递的核心思想不是特别清晰，视频内容无法让观众完全理解，因此想要给视频配以相应的文字解释，以致最后加了一大段的解释性文字。

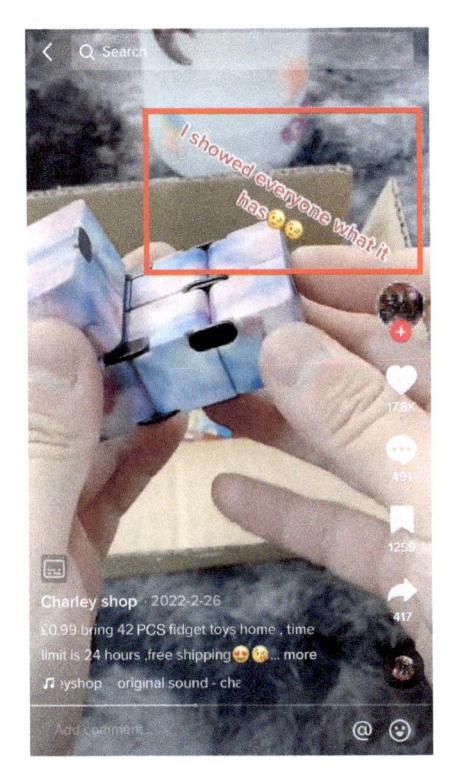

图 3.3.1

下面便是一个反面案例，如图 3.3.2 所示。

这时我们应该明确一件事情，在拍摄短视频的时候，什么才是内容的主体与核心？是视频，而不是文字。如果视频拍出来并经过剪辑加工之后，你觉得视频没有把商品卖点或者你想表达的意思表达清楚，就说明这条视频的展示形式有问题，你没拍到位，需要返工，甚至重做。所以，我们要记得创作短视频的时候，要让视频本身将内容讲清楚,"龙"的主体要画出来,而文案只是起到一个"画龙点睛"的作用。

图 3.3.2

因此,建议在视频画面上飘着的文案仅为由 3~5 个单词组成的言简意赅的短句,以便对观众的行为做一些引导。文案也可以对商品进行一些简单的解释。如图 3.3.3 所示,画面上的文字如下:

Link in bio!!(链接在简介中!!)

图 3.3.3

3.3.2　视频标题

视频标题会出现在视频正下方的位置上,如图 3.3.4 所示。在为视频拟定标题时,这里有 4 个建议,具体如下。

(1)不要太长。

(2)不要太短。

(3)记得打 6~7 个标签(Hashtag)。

(4)打标签时,要将精准标签与泛化标签相结合。

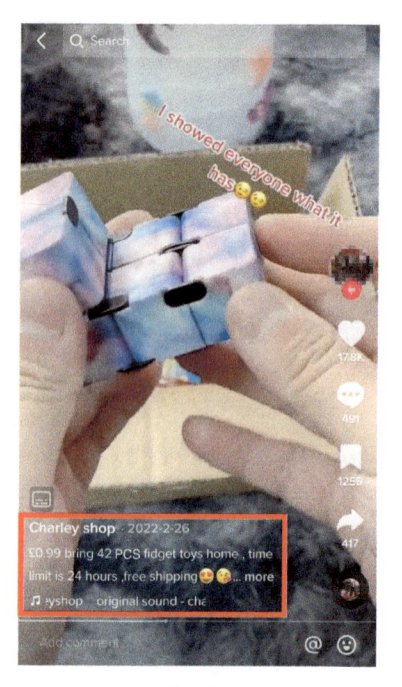

图 3.3.4

为什么标题不要太长呢？如果标题太长，部分文字会被系统自动隐藏。这样就不能非常直观地向观众展示我们想要表达的内容，无形中增加了观众阅读标题的时间成本，因此不建议标题太长。以下是一个具体案例展示。

图 3.3.5 显示了某标题文字展开前的页面。

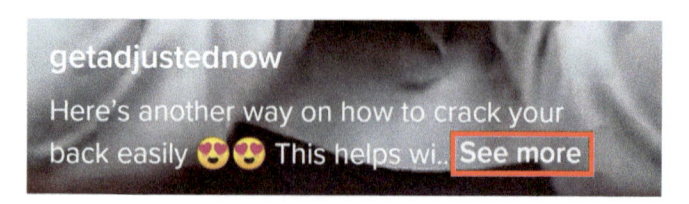

图 3.3.5

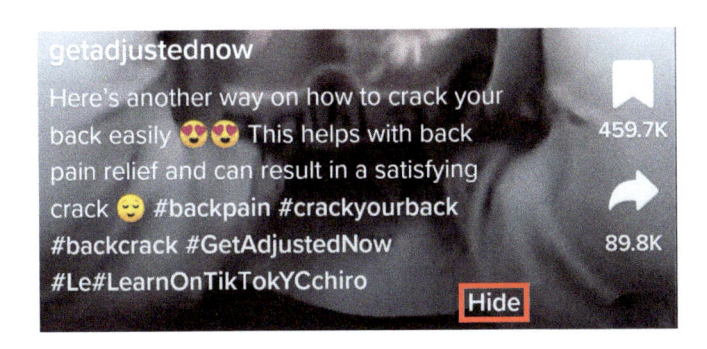

图 3.3.6 显示了该标题文字展开后的页面。

图 3.3.6

为什么标题不要太短呢？有的小伙伴觉得我的带货视频已经讲得很清楚了，不需要再起标题了。如果直接打上几个标签，或者只写一个单词，比如"Amazing"，这样行不行呢？不能说不行，但是我们非常不建议这么做。

从大多数视频来看，优秀的视频往往都会配有恰当的标题。同时标题在 TikTok 中还有另一个非常重要的功能——过滤流量，这是会被许多国内短视频平台的创作者忽略的功能。

在国内短视频平台，99% 的观众是中国人，大家都能读懂、看懂汉字，因此我们很难通过文字来过滤非精准流量。但 TikTok 的流量池是全球流量池，有英语人群、葡萄牙语人群、阿拉伯语人群等不同语言的人群，语言会成为天然的屏障。假如我们的目标群体为英美国家的观众，这些国家的主要语言是英语。当我们用英语展示标题的时候，非英语母语国家的观众便会有一定的阅读难度，会降低对该视频的兴趣。因此，我们可以利用标题的语言功能，削弱非目标国家用户对视频的感兴趣程度，从而达到过滤低价值流量、抓取精准流量的目的。

从另一个角度理解，这也是将过滤漏斗进行了前置。因此标题必须要写，不能不写。就像上面介绍的，不能太长，也不能太短，一般 1~2 句话即可。例如：

50% off today, get it in my profile website.

（今天有 50% 的折扣，在我的个人资料网站中获取）。

从标签角度来看，一般打 6~7 个标签比较合适，这些标签要包含精准标签与泛化标签。举个例子，我们发出一条视频，视频里有一只非常可爱的小型犬，那么标签怎么打呢？先说范围较小的精准标签，可能是"#dogie""#puppy"等。再稍微泛化一些的标签是什么呢？可能是"#dog"；更泛化一些，则是"#pet"；甚至为"#animal"。同时，也可以打上一些描述小型犬特点的标签，例如"#cute"。还有更泛化的标签，如"#foryou"。这样打下去，标签中就包含了泛化标签与精准标签。

3.3.3 视频评论区

评论区文案的位置如图 3.3.7 所示。

在视频评论区写文案，核心要点只有四个字——大写特写。在这里，你想写什么就写什么，想怎么写就怎么写。因为这里是 TikTok 平台上能让我们尽情写文案的地方，一条评论写不够就写两条，两条不够就写三条。

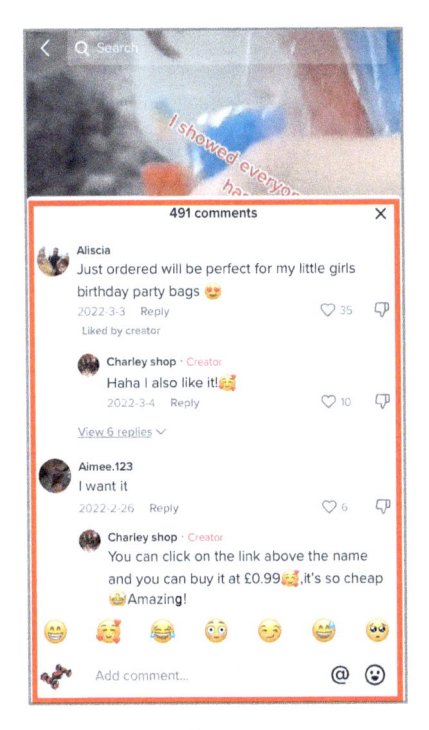

图 3.3.7

假如觉得视频中的内容确实比较难理解，可以在评论区写一些解释性的文案。如果有观众问商品在哪里可以买到？可以回复一些引导性的文案，引导观众点击小黄车或链接。还可以在评论区营造一些积极正向的氛围，引导观众留下良好的反馈，让观众消除疑虑、增强信任感。我们还可以在评论区留一些商品的信息来强化观众对商品的认知，例如，商品的核心卖点、材质、环保属性等。例如：

- It's on sale now. Get it on my bio website.
（正在热卖。这个宝贝可以通过我的个人简介网站购得。）

- Free shipping today, get it in my homepage website.

  （今天免运费，在我主页网站上可以购得。）

- Only $13.8, buy 1 get 1 free, get it in my bio website.

  （只需 13.8 美元，买一送一，在我的个人简介中可以购得。）

3.3.4　主页简介

主页简介文案的位置如图 3.3.8 所示。主页简介上的文案，核心要点就是要"一目了然"。要让观众在进入主页后，第一眼望去，就知道我们是做什么的。例如，如果写"Free shipping worldwide"（全球包邮），观众一看便知，这个账号的主人或许是个卖家。所以在写主页简介的时候，我们要做到以下几点。

（1）直接表明身份，不要拐弯抹角。

（2）充分利用文案空间。简介只能写 80 个字符，一定要充分利用，让内容看起来丰富饱满。

（3）多使用表情、缩写，拉近与观众的距离，增强观众对我们的信任感。

（4）简介的书写要有立体感。不要一行写 80 个字符，这会对观众的阅读造成压力。要尽量把 80 个字符拆分成 3~4 行，降低观众的阅读难度，实现一目三行。

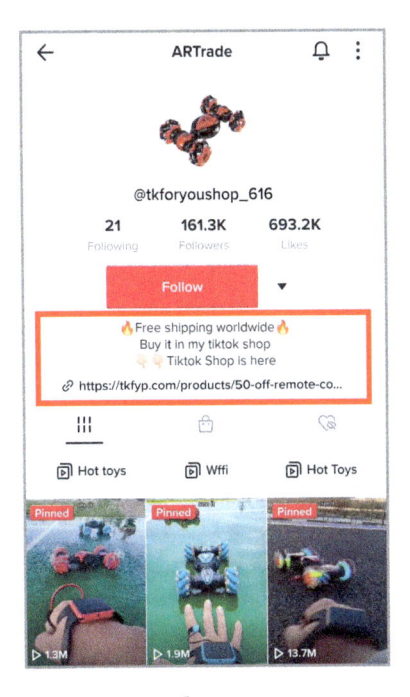

图 3.3.8

例如：

- Click the link to get what u want.

    （点击链接得到你想要的。）

- 50% off today, click to get it.

    （今天 5 折，点击获取。）

- Click the link to get products in the video.

    （点击链接获取视频中的商品。）

- Only $24.9 for 2 pieces.

  （2件仅需 24.9 美元。）

- Here is what you want.

  （这里有你想要的。）

3.4　TikTok 短视频背景音乐

在电商短视频的创作过程中，恰当的背景音乐与视频相互配合，往往可以产生非常强的"化学反应"，因此选好音乐并让视频和音乐能够完美契合，是至关重要的。在选取 TikTok 短视频背景音乐的过程中，有哪些需要注意的要点呢？

首先，音乐一定要与视频内容相匹配。如果我们想让视频体现出时尚感，就应该配上节奏感强的音乐；如果我们想要表现出一个非常欢快的场景，就要配上轻快的音乐。

其次，在电商短视频中，背景音乐在大多数情况下应该选取节奏轻快且节奏感强的音乐，而尽量不要播放节奏舒缓的音乐。因为电商短视频的目的是促进成交，而节奏轻快、有节奏感的音乐更容易占领观众的感官，让观众沉浸在视频中，进入视频的节奏，从而刺激观众冲动消费。

最后，应该让视频的画面与音乐节奏进行卡点配合。这一点是视频创作中的加分项。视频画面配合音乐的卡点，会让观众的视觉感官与听觉感官产生同步，这时观众更容易沉浸在视频中。

需要额外注意的是，TikTok 对于音乐作品版权的管控是比较严格的，有的音乐是无法商用的，而另一些音乐作品是在某些地区无法使用的。如果在创作视频的过程中，我们使用的音乐作品有版权问题，会面临什么样的后果呢？有可能视频中的音频被系统静音处理，也有可能系统会强制将视频设置为隐私状态，还有可能将视频直接删除。因此，我们在创作的过程中一定要注意音乐作品的版权问题。

那么如何在 TikTok 中找到有授权的音乐作品呢？

如果是创作者账号（Creator Account），在选择视频音乐时，页面上方会出现"For sponsored videos, tap Sounds to use commercial sounds"（对于赞助视频，点击"声音"以使用商业声音）的提示，根据提示，点击最上方的"Sounds"下拉菜单，选择"Commercial Sounds"，便可看到商业音乐表，这里的音乐作品便不会有侵权问题。

如果是商业账号（Business Account），在选择视频音乐时，会自动切换到"Commercial Sounds"且不允许更改，该列表下均为商业音乐作品，因此不会出现侵权问题。

关于音乐作品侵权问题，大家也不用过于担心，因为在创作电商视频的过程中，会发现常用的、好用的背景音乐并不需要太多，对于每一件商品，找出 5~10 首便足够了。

3.5　高效产出 TikTok 短视频的方法

如何在短时间内高效大量地产出 TikTok 电商短视频？市面上普遍有两种思路。

第一种思路是，批量下载其他人的视频，在其基础上做二次创作。我们非常不建议采用这种方法。首先从版权保护的角度来讲，这是侵权行为，破坏了市场生态。再者从视频竞争力角度来讲，搬运的视频往往会被查重，就算做了去重，内容质量也会大打折扣。

市面上会有很多批量下载、批量剪辑、批量去重的软件。在没使用这些软件之前，可能一个运营人员每天只能运营 5~10 个账号。用了这些软件之后，一个人可以运营成百上千个账号，看似效率提升了几百倍。但这是以牺牲内容质量为代价的，而内容质量本身就是运营 TikTok 的核心竞争力之一。因此，搬运视频并二次创作这个思路从长期来看，其实是让收益不断下降的方式。我们更建议大家做一些随着时间的推移，能有所沉淀且收益能不断上涨的工作。

第二种思路是，走原创内容路线，不断打磨团队的核心创作能力，进而高效产出优质的原创视频。这种思路便是让短视频具有长期价值的思路。

在做原创内容的道路上，往往有以下三个阶段。

3.5.1　探索性生产阶段

在探索性生产阶段，核心要点就是学习与模仿。作为一名原创内容的初学者，最好的老师就是 TikTok 中同类目的优秀视频。

所以我们在探索性生产阶段，第一步要做的就是寻找优秀的对标账号，一般建议找出 10~20 个。接下来需要对这些账号中的爆款视频进行学习并理解。

我们怎么来定义账号中的爆款视频呢？你会发现，一个账号名下不会每一条视频都是爆款视频。假如一个有 10 万粉丝的账号，可能大多数视频的平均播放量在 1 万次左右。但是肯定会有那么几条视频的播放量远超 1 万次，可能达到十几万次、几十万次，甚至上百万次。那么，这些远超账号平均播放量的视频，就是我们讲的爆款视频。将这些视频收藏起来，进行逐一分析，研究它们的视频脚本或者拍摄逻辑是怎样的，整条视频分为了几个镜头，每一个镜头展示的是什么内容，如何运镜，选取的是什么背景音乐，应该如何把握节奏感，等等。在这一步，我们应该对这些视频进行深入学习并尝试理解其创作思路。

接下来，就需要动手实操了。从那些对标账号的爆款视频中，找出几个你认为比较有感觉，并且符合自身拍摄条件的视频脚本，进行拍摄尝试，并在尝试的过程中不断调整，找到最适合自身团队的展现形式、脚本和拍摄手法，最后集中力量将这一款商品的展现形式打透。

在这个过程中，我们需要找到许多的灵感与思路，要不断打磨、不断思考。在探索性生产阶段，其实我们不知道什么样的视频是我们能做出来的爆款视频，也不知道什么样的脚本适合我们的商品、适合我们的团队。通过不断地模仿、学习，当我们终于经过市场验证，创作出了一条爆款视频之后，便可以进入下一个阶段。

3.5.2 标准化生产阶段

探索性生产阶段完成后，接下来就到了标准化生产阶段，这个阶段的目的是稳定产出经过团队验证的爆款视频，并形成SOP（标准作业程序）。此时我们刚刚经过了探索性生产阶段，已经生产出了爆款视频，那么接下来建议每天定量拍摄视频素材。根据视频拍摄的难度，可以把数量定在每天生产3~5条视频。如果有更多精力，就可以适当增加视频拍摄的数量。接着对视频进行精细的剪辑、上传、发布，再根据视频的数据反馈，对比每一天每一条视频流量的变化、观众评论的关注点，不断进行分析复盘，从而让团队的内容创作能力不断提升。不断重复这一过程，直到可以稳定产出优质视频，便可进入下一阶段。

标准化生产阶段是三个阶段中最难把握的阶段，因为这一阶段的成败决定了一款商品是否能够通过对短视频进行规模化、批量化来产出令人满意的收益。

3.5.3 批量化生产阶段

批量化生产阶段的核心目的只有两个字——扩量，就是要把之前一天只能生产3条视频的生产力，通过合理的方式达到一天生产15条、30条的生产力。

在这一阶段，首先应该是整体提升拍摄效率，优化拍摄、剪辑、发布的流程。例如，之前在不断尝试的过程中，可能我们的流程是拍一条、剪一条、发一条。这样效率便非常低。当我们已经知道了什么样的场景、什么样的节奏比较受欢迎时，可以在某一场景下，一次性拍摄多组素材。在拍摄的过程中，往往会有片头视频、片中视频、片尾视频等，通过剪辑上的不同排列组合，相互混剪，就可以生产出许多内容不重复的视频。

对于电商短视频，我们往往给剪辑人员设定的最低标准是，每天至少产出15条原创视频。当然，视频数量要根据拍摄难度而定。有些视频需要协调的人员比较多，难度比较大，如视频需要婴儿、宠物出镜，此时可以适当降低视频的数量要求；而有些视频流程非常清晰，拍摄难度较低，则可以适当提高视频的数量要求。

第 4 章
TikTok 账号运营方法

▶

4.1　TikTok 短视频推荐算法的逻辑

4.2　包装账号主页的目的与方法

4.3　TikTok 数据分析与优化

4.4　零播放的原因与处理方法

TikTok平台上的电商卖家有许多可以选择的方向，如直播方向、短视频方向、达人营销方向、信息流投放方向等。但无论选择什么方向，都需要基于对TikTok账号运营及推荐算法逻辑的理解来构建运营体系，因此接下来我们着重介绍TikTok账号的运营方法。

4.1 TikTok 短视频推荐算法的逻辑

在讲 TikTok 账号的运营方式之前,我们首先需要了解 TikTok 短视频推荐算法的逻辑。有时候我们会发现,TikTok 等一系列国内外的短视频平台比我们自己还要了解我们,它们非常清楚我们想要看什么内容,也能够非常精准地将对应的内容推荐给我们。为什么 TikTok 可以精准识别我们的喜好呢?又是为什么 TikTok 会让我们上瘾呢?这就不得不讲到 TikTok 的推荐机制了。

4.1.1 为什么 TikTok 会让用户上瘾

先问大家一个问题,你喜欢看哪方面的内容?其实大家在面对这个问题时,很难在短时间内精准地回答上来,而且很多时候,大家自己形容出来的想法并不一定是真实的想法,只有"用脚投票"才能真实反映其内心的想法。

记得曾经有一家公司需要发布一款新产品,在发布之前召开了一场调研会,会上负责人给所有参会人员提了一个问题:对于这款产品,您认为是黄色更好还是黑色更好?大多数人的反馈是黄色更好。在会议结束时,主办方为了感谢所有参会人员,大家在离开的时候可以领取一件产品作为答谢礼。比较戏剧性的一幕是,大多数人在领取的时候,选择了黑色。所以,很多时候观众根本不知道自己想要什么,只有"用脚投票",才能给出最诚实的答案。

TikTok 的算法也是这样认为的,所以它不需要你说出你喜欢什么,而是它会直接给你推荐一些内容,在这个过程中,用你最诚实的反应得到你的答案。如图4.1.1所示，TikTok给你推荐了一些内容后，发现你在"红色的圆形"和"红色的三角形"这两处的停留时间最长，互动行为最多，它认为或许你对这两类内容比较感兴趣，所以在系统中就会给你的账号打上几个标签"红色""圆形""三角形"，接着算法会对这些标签进行进一步的验证，再给你推荐一些其他的内容，例如"红色的六边形""绿色的圆形"等，结果发现你对"红色的六边形"比较感兴趣，但是对"绿色的圆形"并不感兴趣，此时会进一步加强"红色"标签，而会对"圆形"进行削弱。

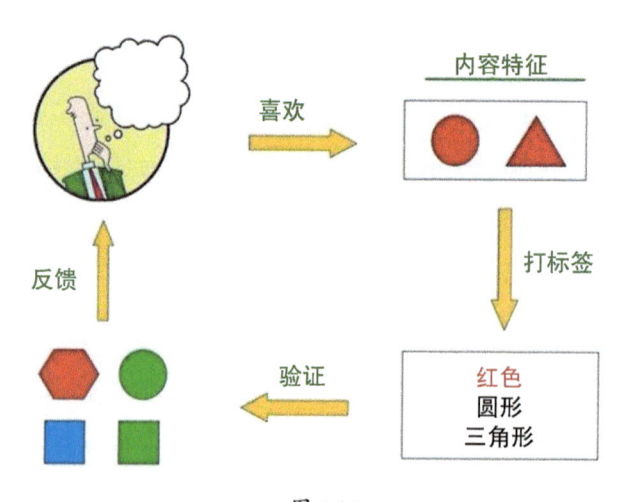

图 4.1.1

所以，通过"推荐视频→得到反馈→推荐视频→得到反馈"，循环往复，系统给账号设定的标签便会越来越精准，平台对用户的兴趣、喜好也摸排得明明白白，这就是TikTok会让用户上瘾的原因。

4.1.2 作品发出去之后，都经历了什么

接下来，我们从 TikTok 作品的视角来看算法是如何运行的。

当一条视频发布到 TikTok 平台之后，平台首先会对内容进行机器检测，检查内容是否违规，包括封面、画面片段、音频，等等；如果确认违规，那么平台会直接将视频删除或设置为非公开状态；如果有违规嫌疑但不太确定，则会移交人工审查；如果确认违规，则将视频删除或设置为非公开状态；如果确认不存在违规内容，则进入下一个环节。

下一步就来到了内容查重环节，同样地对封面、画面片段、音频进行比对，如果确认视频为"搬运"的重复视频，往往会有三种处理方式，较轻的处理方式是低流量推荐，稍严一些的处理方式是仅推荐给该账号的粉丝，最严的处理方式是完全不推荐，即零播放。

如果我们的视频是原创视频，系统则会将这条视频推送给第一批观众，视频便会获得第一波流量，这一波流量往往是 200~500 人。很多小伙伴在这里会有一个认知误区，认为第一波流量都是 500 人左右，其实不然，因为系统会根据你的内容匹配对应的流量池，有的流量池总量会大一些，有些则会小一些，例如，宠物类目的总体流量池会比较大，而机械加工类目的总体流量池就会相对小一些。

作品经过了首批流量推荐之后，系统会不断监控这条视频的播放量、点赞量、评论量、完播率等一系列指标，如果数据反馈一直都比较好，系统则会不断叠加推荐，层层突破流量池，视频获得更多的播放量，但如果整体反馈较差，系统则会停止推荐该视频。

我们在运营 TikTok 账号的过程中，当视频数据反馈较好，视频流量不断增长，流量较大的时候，会有各种各样的情况发生，其中时常会遇到被举报的情况。那么如果视频被举报，系统会对其内容进行二次审核，如果确认违规，则视频会被隐藏或删除。当然，我们也可以通过申诉入口对视频和账号进行申诉，如果确实没有违规，视频恢复后则会继续获得流量推荐，如果确认违规，视频还是会被处理。详见图 4.1.2。

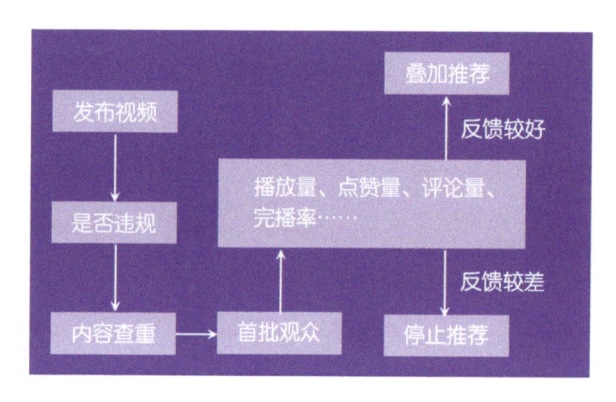

图 4.1.2

因此，综合来看，我们的核心点就是要把播放量、点赞量、评论量、完播率等各项指标优化到位，而优化这些指标的本质是什么呢？是优化内容。因此只要内容足够优质，精准抓住观众的喜好特点，视频就会获得更多流量。

4.1.3 多级流量池的分发规则

TikTok 平台对视频流量的推荐往往是一级一级推荐的。在一级流量池中，视频的播放量在 200~500 次。换言之，当我们发出视频之后，平台会将这条视频推送给 200~500 位观众。接着平台会根据观众的动作（如点赞、评论、转发等）来判断这些观众是否喜欢这条视频，如果他们都非常喜欢这条视频，那么平台会认为这条视频是比较优质的，从而将视频推向二级流量池。在二级流量池中，很可能会达到 2000 次左右的播放量，若在二级流量池中，视频仍然深受喜爱，那么便会被推入三级流量池，接下来可能播放量会达到 5000 次甚至上万次，如此循环往复，视频会被逐渐推向更大的流量池，直到这条视频在最新的流量池中表现欠佳，便会被停止推荐。

需要提到的是，在第一级流量池中，系统往往是将视频推荐给当地国家的观众，例如，我们账号的 IP 地址以及数据户口（指 TikTok 账号所属国家 / 地区）是在美国，那么对于第一级流量池，大概率会推荐给美国的观众。但是第二级、第三级以及以后的流量便不一定与国家相关联了，视频很有可能会获得全球流量。

那么获取流量的依据是什么呢？是内容。如果我们账号的数据户口在美国，第一级流量池也在美国，但是视频内容都是东南亚国家的观众喜爱的内容，那么系统便会将视频推荐给全球对东南亚文化感兴趣的观众，因此视频便会更大概率地获取到东南亚国家的流量。

当然，要玩好流量，一定要谨记一点：流量是具有随机性的。任何流量都是如此，都具备一定的随机性，而我们需要做的，就是不断降低流量的随机性，把不确定的随机游戏变成确定的概率游戏。

4.2　包装账号主页的目的与方法

说到 TikTok 的账号包装，大家先看几张图，如图 4.2.1（a）（b）（c）所示，相信大家都看到过这样的账号主页，这是很多新手做出来的。

再来看图 4.2.2，有没有发现和图 4.2.1 中的账号主页相比，在观感上有非常明显的差别？

当观众看到图 4.2.2 中的主页时，通过各种细节会建立非常强的信任感，会觉得这个博主非常专业，这家店铺更加可信，很多时候一个 TikTok 运营人员的能力如何、是否专业，都藏在这些细枝末节当中。

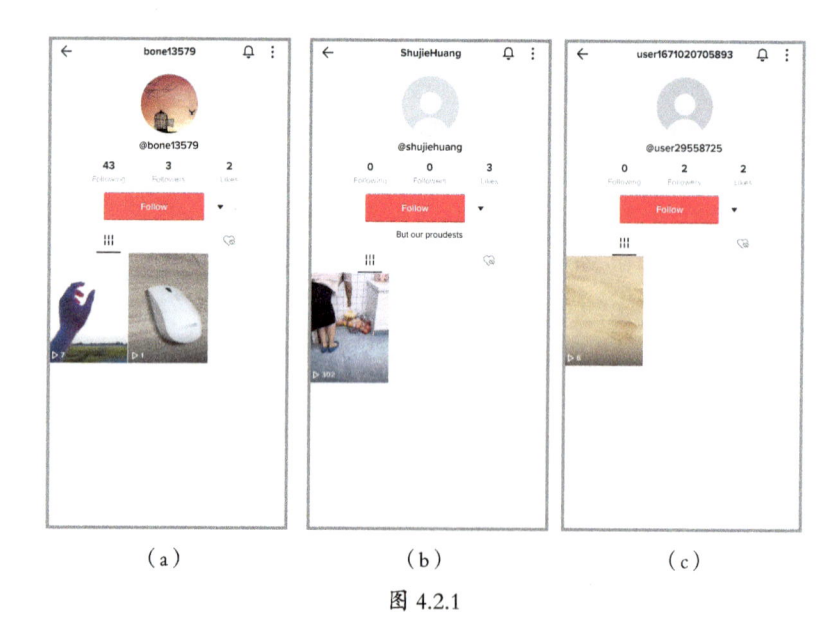

（a）　　　　　　（b）　　　　　　（c）

图 4.2.1

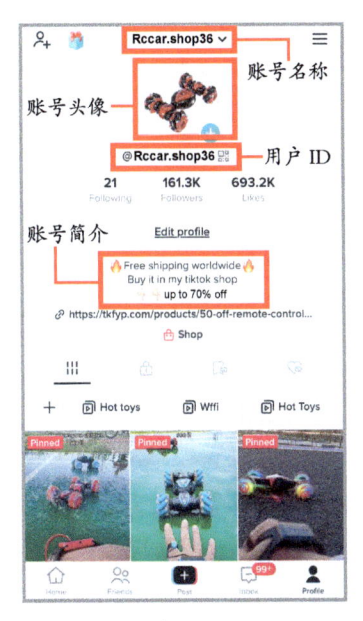

图 4.2.2

我们装修账号主页主要有哪些目的呢？下面将详细介绍。

4.2.1 可读性

我们要在最短的时间内，让观众、客户了解我们的账号，帮助他们降低对账号的认知成本，让他们只需要看一眼就知道账号是做什么的，以及该账号页面上卖的是什么商品。

来看图 4.2.2，首先从最上面的账号名称和头像下方的用户 ID 来看，起的名字是 Rccar.shop36，观众看到这个名字便会知道，这个账号和 RCCar（Remote Control Car，遥控车）有关，后面的 shop 体现出这是一家商店。因此通过名字，观众首先会对账号有一个基本认识。

接下来,再看这个账号的头像,该账号直接将主要商品作为头像,观众对其认识会更加有画面感,看到头像便知道商品是什么形状、什么样式。

账号简介部分,一共有三行字、三句话,每一句话都在用不同的方式讲一件事情——这是一家商店、博主是一名卖家。

第一条文案"Free shipping worldwide"(全球包邮),我们来思考一个问题,在什么场景下会全球包邮?什么角色会说到全球包邮?这就是卖家。第二条文案"Buy it in my tiktok shop"(在我的TikTok店铺购买),这是更进一步向观众传递信息:我们是一家网上商店。第三条文案"up to 70% off"(折扣低至三折),通过优惠信息再一次强化了卖家的角色。

所以,综合下来会发现,观众只要一进入这个账号主页,便可以非常清晰地了解到这是一家商店,这名博主是一名卖家。而卖的又是什么商品呢?是RCCar,即遥控车。那么是什么样的遥控车呢?是账号头像里所展示的遥控车。这些信息帮助观众节约了认知成本,会让观众更快速地了解账号,在体验上也更加舒适。

4.2.2 辨识度

我们往往希望账号或者视频可以在观众心中留下一定的印象,那么通过对账号头像、账号名称等的巧妙设计,便可以在观众心中留下记忆点。

辨识度是在包装账号、运营账号、打造 IP 人设等过程中始终贯穿的一个概念，并且需要在许多细节上践行这一点。假如我们今天想要打造一个"开箱测评"博主的人设，我们会发现 TikTok 上已有的开箱测评博主并不太在意桌面的颜色，如果我们始终如一地使用亮白色桌面作为底色，会不会给观众留下较强的记忆点呢？或者我们在开箱的时候，始终在桌子的角落放一只黄色的小鸭子，是不是也会给观众留下较强的记忆点呢？当观众再次看"开箱测评 + 小鸭子"的元素时，第一时间便会想起我们，这便是将账号做出了辨识度。

再如图 4.2.2 中的"Rccar.shop36"这个名字，以及账号头像，它们也是一个较强的记忆点，可以非常轻松地让观众记住。

4.2.3 信任感

在做 TikTok 电商之前，首先要明白一个道理：高转化的底层逻辑是基于信任。这个道理在 TikTok 电商的多数领域都适用，无论是短视频、直播，还是橱窗展示。这也是为什么我们始终强调包装账号主页是非常重要的一环，一个精心包装的账号主页能够带给观众较强的信任感，从而拉近与观众的距离，进而让观众接受我们的商品，购买我们的商品。

所以运营一个新的账号，第一件事应该做什么呢？就是装修账号主页，就像我们要开一家线下商店，也一定要思考如何装修店铺一样。

那么 TikTok 账号应该如何装修呢？首先把握 3 个核心要点：简

洁明了、强化记忆、体现专业。

我们卖什么商品，就在主页上简单明了、直截了当地告诉观众，不需要拐弯抹角、委婉含蓄。同时在账号头像、用户ID、账号简介等各个方面都要尽可能地给观众留下记忆点，如果他们这次没有买，下一次想买的时候也能找到你。最后就是一定要体现出专业性，让观众一看这个账号，就能感受到店主是在精心运营，从而增强信任感。

那么每个部分具体应该如何装修呢？下面给大家一些装修建议，如图4.2.3（a）（b）所示。

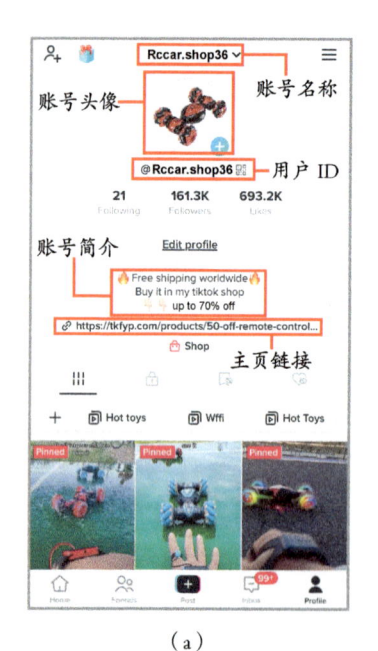

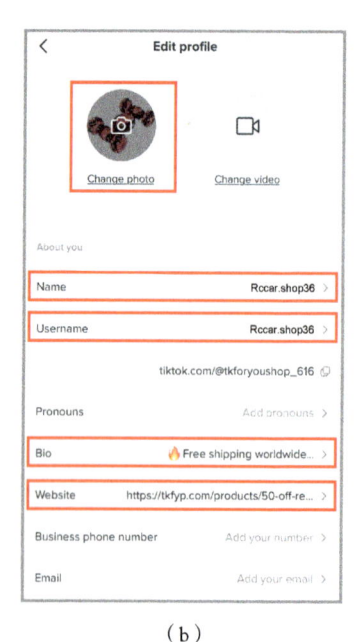

（a）　　　　　　　　（b）

图 4.2.3

1. 账号名称

账号名称中是可以加入表情、空格等特殊符号的，因此可以向观众传达一些个性化的表达，例如我们是卖遥控车的商家，可以在账号名称中加入与"商店""汽车"有关的符号，温馨、地道的表达可以拉近与观众的距离。

2. 账号头像

账号头像是账号主页除视频以外，唯一可以用静态图片或动态图片展示的部分，所以在头像部分尽可能将一些难以用文字描述的内容，用图片的形式展示出来。同时还要向观众传递两个信息：

（1）专业人设。

（2）垂直形象。

举个例子，如果想要打造个人 IP 或者需要向观众传递权威专家的感觉，可以使用真人头像。例如，牙齿健康行业的相关账号，可以让人物穿上白大褂，打造一个牙医的形象；如果想要塑造品牌形象，可以将头像设置为品牌 Logo；如果想要简单直接地承接流量，打造单个爆品，可以直接将商品图设为头像。

3. 用户 ID

用户 ID 最直接的作用就是表明身份，在起名的时候，尽量让名字易于理解、易于记忆，常见的格式有"商品＋商店名"、"职业＋英文名"或者"专业领域＋英文名"。需要额外注意的是，在用户 ID 这个位置，除英文"句号"与"下画线"以外，是不能加入空格等特殊符号的。

4. 账号简介

在账号简介中，要对身份进行一定的描述，同时也要对观众做引导和进行营销。我们往往会在账号简介中提到一些优惠政策，表明我们的商家身份，并引导观众点击购买链接。账号简介是 TikTok 文案营销中非常重要的环节，这个位置总共只能用 80 个字符，一定要充分利用。

另外前面讲过，还要注意的是，在编辑账号简介时，80 个字符不要写在同一行，否则观众在阅读时会增加阅读难度，建议写 3~4 行，可以在每一行前后插入表情符号作为分隔，这样观众在阅读时会非常舒服，也非常高效，可以一目三行。

5. 主页链接

TikTok 账号在达到 1000 个粉丝之后可以在主页输入链接，除了违规网站，大多数网站都可以挂在账号主页上。观众点击链接后可以直接跳转至外部的落地页，这对于我们实现商业闭环有着非常大的意义。主页链接可以用落地页的原始链接，也可以用短链接。

总的来说，装修账号主页是每一个运营人的基本功，在装修时，一定要深刻理解我们的客户，站在客户的角度思考，不断优化和迭代，让客户看到账号主页后会更舒服、更高效，也对我们更加信任。

4.3　TikTok 数据分析与优化

根据数据反馈对行动进行纠偏、优化、迭代，在大多数事务中都是必不可少的，通过对数据的深入分析，也往往能够更接近事物的本质。我们在运营 TikTok 账号时，数据分析同样是必不可少的一步，通过分析数据，可以让我们对 TikTok 平台有更深的理解，也有更加清晰的迭代方向。本节来介绍视频数据分析与优化的思路与方法。

在对 TikTok 进行数据分析时，我们往往将指标分为两类，一类是视频指标，另一类是账号指标。

视频指标包含完播率、点赞率、评论率、转发率、流量来源，以及播放量、播放总时长、平均播放时长、观众分布及占比。我们将在 4.3.1 节重点介绍前五个指标。

账号指标有哪些呢？具体包括粉赞比、粉丝分布、关注量、粉丝数、点赞数、发布视频数量、第一条发布时间、近期发布频率、性别分布等，我们将在 4.3.2 节重点介绍前两个。

无论是想分析自己的账号，还是想分析其他优质账号，通过对上述指标的分析，便会对该账号有一个基本的认识和判断。

举个例子，我们在 TikTok 上刷视频的时候，发现了一个数据不错的账号，那么往往做的第一件事，就是进入主页之后向下划，划到底部看第一条视频的发布时间。第一条视频的发布时间大概率是最早开始运营该账号的时间，虽然有可能作者将早期表现不好的视频进行了隐藏或删除，但往往无伤大雅，我们仅需知道大概的时间，了解这个账号是近期新起的账号还是已经有了一些沉淀的老账号。

如果该账号的视频已经沉淀了很久，说明有些视频曾经有过爆发，但不能确定最近是否依然有较好的数据；如果是新起的账号，则说明推广的商品或者账号运营形式很可能是近期的新热点。接下来，我们将页面拉回账号主页的顶端，观察近期发布视频的频率，如果近期发布视频的频率非常高，则说明近期成交数据很可能是不错的，运营人员正在大量"铺"视频以期获取更多的流量。如果这个账号曾经数据不错，粉丝数也比较大，但是最近更新频率并不高，则说明近期的转化数据不太理想。

4.3.1 视频指标

我们首先分析视频维度的指标，逐一分析各个重要的指标反映了哪些问题，指标的衡量标准是什么，以及如何通过这些指标对视频进行优化。

但需要提前注意的是，不同目的、不同类型、不同类目的视频，数据的形态会各有不同，例如有的视频点赞量很高，有的视频评论互动率会比较高，也有的视频注重分享传播。下面向大家推荐的指标衡量标准，是大多数类目普遍的衡量标准，参考的时候要记得灵活变通。

1. 完播率

完播率指的是完成视频 100% 观看进度的观众占所有观众的比例，如图 4.3.1 所示，红框里的数据即为完播率。完播率是众多视频指标中非常重要的指标之一，是影响视频播放量的关键因素。

对于一款 App 来讲，用户愿意在这款 App 上花费多长时间，是非常关键的指标。那么 TikTok 平台上的视频完播率则与观众花费时间有着非常强的关联。如果视频完播率较高,说明观众对视频的内容比较感兴趣,愿意花时间看完,平台往往会认为这样的视频是相对优质的视频,从而会进一步对视频进行推荐。

通过对实操数据的总结,我们一般将衡量完播率是否达标的最低基准线定为 30%,若完播率低于 30%,我们认为是不可接受的,必须对视频进行优化。

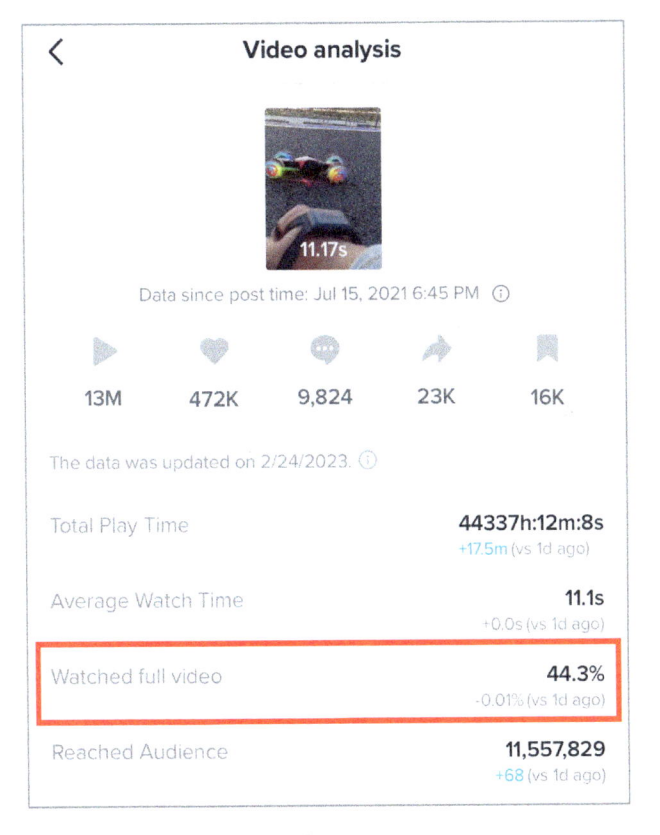

图 4.3.1

此时站在观众的角度思考,什么情况下观众不愿意将视频看完而直接划走呢?一般来说,有以下几个原因。

(1)视频前三秒不够吸引人。观众的流失率,在前三秒往往是最高的,因此我们可以审视视频前三秒的内容是否吸睛,是否有较大的优化空间。

(2)前三秒将内容全盘托出。许多创作者深知视频的前三秒一定要吸睛,因此将视频的主要内容、精彩内容一股脑儿地堆在前三秒,导致观众对接下来的内容没有过高期待。而观众在没有任何期待的情况下,自然而然会选择划走。因此在许多视频创作的过程中,用开箱、组装产品等视频内容拉升期待值也是非常不错的选择。

(3)节奏感拖沓。在 TikTok 平台,观众留给每一条视频的耐心都是有限的,如果视频节奏感不强,无法充分占领观众的感官,便会导致流量流失。尤其是中长视频,更需要主要视频具备较强的节奏感以及较高的内容密度,要让观众感到他在这条视频上花费的每一秒钟都非常值得。

因此,如果完播率低于30%,则可主要参考以上三点进行优化。

2. 点赞率

点赞率计算公式:点赞率 = 总点赞量 / 总播放量。

点赞率与上面的完播率相比,对播放量的影响就没有那么大了,但仍然是一个有优化价值的指标。在图4.3.2中,左一为播放量数据,左二为点赞量数据。

图 4.3.2

如果点赞率低于 4%，我们认为这条视频是有一定的优化空间的。同样，站在观众的视角思考，什么情况下观众愿意给一条视频点赞？一般有两种情况。

（1）视频有收藏价值。相信很多人都有过这样的经历，在刷 TikTok 视频的时候，看到了一条不错的视频，但是没有对视频进行点赞和收藏，突然有一天想再找到这条视频，想要通过关键词搜索找到是非常困难的，甚至根本找不到。因此，如果想要提升视频的点赞率，可以增强视频的价值感，让观众愿意点赞收藏、反复观看。

（2）视频兴趣点高。内容有趣，能够激发观众的兴趣，是影响点赞率非常重要的因素。如果视频的点赞率较低，在后续优化过程中，可以着重思考如何增加视频的趣味性。

3. 评论率

评论率计算公式：评论率 = 总评论量 / 总播放量。

在图 4.3.3 中，左一为播放量数据，左三为评论量数据。

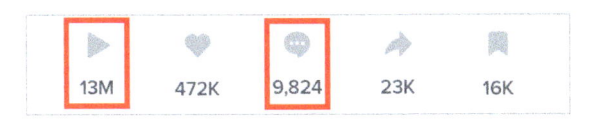

图 4.3.3

如果评论率低于0.4%，我们认为这条视频是有一定的优化空间的。如果评论率较低，应该如何优化呢？这里给大家推荐3个优化点。

（1）植入内容"槽点"。许多视频评论率较低的原因都是视频没有"槽点"。举个例子，很多年前有一位女生说："我宁愿坐在宝马车里哭，也不愿意坐在自行车上笑。"这段视频一经播出，瞬间便引爆了网络。其内容有什么特点呢？这是价值观的碰撞，有的人认为她说得对，经济基础决定上层建筑，物质是一切的基石；有的人认为这是拜金主义，我们不应该把物质作为一切。这其实就是非常强的"槽点"。因此，在设计视频内容的时候，如果想要提升评论率，拉升视频热度，可以在视频中植入一些"槽点"。

（2）加强互动引导。视频在引导观众评论互动时，发问式引导是非常常用的方式，例如，"是选A还是选B？"

（3）引发情绪共鸣。许多风景类视频、情感类视频、剧情类视频，节奏都会较为舒缓，看似比较平淡，其实这类视频风格利用的是情绪价值。短视频内容的传递，在许多时候就是情绪的传递。因此在设计视频内容的时候，可以着重思考目标人群所需要的情绪。例如，对于很多目标人群为男性的账号，视频中便会讲述男人是多么不容易的故事。目标人群为女性的账号，视频中便会讲述女人是多么不容易的故事。这就是根据目标人群，植入了情绪价值。

4. 转发率

转发率计算公式：转发率 = 总转发量 / 总播放量。

在图4.3.4中，左一为播放量数据，左四为转发量数据。

图 4.3.4

如果转发率低于 0.3%,我们认为这条视频是有一定的优化空间的。那么,如果转发率比较低,视频应该如何优化呢?主要有以下两个方向。

(1)提升内容的价值感。这一点与前面讲到的提高点赞率的方法有些类似,但又不完全一样。后者主要是针对观众可获取的价值感,观众是为了收藏而去点赞的,但这里所说的价值感是说,不一定对观众有价值,而是观众会觉得对身边的人有价值。例如,很多人都会有一个叫作"相亲相爱一家人"的微信群,经常会有长辈往群里发一些文章,比如《一天要喝八杯水》《晚上 9 点前一定要睡觉,否则……》,其实是长辈觉得这些文章对晚辈有价值,但不一定是对他们有价值。所以,如果想要提升转发率,需要思考的是视频如何为观众身边的人带来价值。

(2)提升内容的新鲜感,加强商品的新奇特属性。我们简单回忆一下,每当社会上出现一些爆炸性新闻的时候,内容的传播度、热度都是非常高的,当我们看到这样的新闻的时候,也会想着第一时间发给身边的朋友看看,毕竟"有瓜要大家一起吃才香"。那么分享转发的动力来源于哪里呢?来源于这条新闻是新的。如果是一条旧闻,大家的转发意愿便不会太强,因此提升内容新鲜感则可以有效地提升转发率。应用到短视频电商中也是一样的,在选品的时候就要着重考虑商品是否具有新奇特属性。如果对于一款商品,观众看到之后会想"真神奇，这个世界上还有这样的商品？"自然而然会奔走相告。

5. 流量来源

短视频的流量来源有很多种，例如推荐流量、粉丝流量、主页进入、搜索进入、音乐进入、标签进入，等等，那么在 TikTok 短视频中，最有价值的流量无疑是系统推荐的流量，也就是我们常说的"For You"流量（见图 4.3.5 中红框）。该渠道流量越多，意味着平台判定视频质量越好，进而叠加推荐，在播放量上也会有更大的想象力。

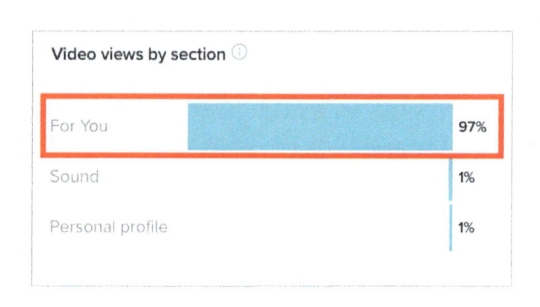

图 4.3.5

我们在衡量一条短视频流量来源是否健康的时候，一般要求"For You"流量比例大于 30%，如果低于 30%，要考虑视频或账号是否被限流。当发现视频或账号被限流时，我们能做什么呢？这里给大家两个建议。

（1）保持日更，保持活跃度。在账号保持日更、内容质量没有下滑、活跃度也较高、粉丝也比较认可的情况下，一段时间之后账号或视频便会突破限流的瓶颈期。

（2）提升内容的整体质量，升级视频风格。这里需要注意的是，许多创作者在对视频风格进行优化的时候，会一不小心进行反向优化，即自己以为优化了视频，其实是对账号产生了更加不好的影响。例如，有的小伙伴发现，之前的视频都是直接对着商品拍，单纯地展示商品，他现在想要优化一下，就给视频加入一些剧情，但实际上如果对剧情节奏把控不好，反而会让节奏拖沓、标签混乱，很可能以往的老粉丝会不太适应新的风格，甚至优化后的流量还不如从前，这就是进行了反向优化。所以我们一般在升级视频风格的时候，可以从这几个方面来升级——视频色调、清晰度、节奏感、紧凑感、展现力等。

4.3.2 账号指标

接下来，我们分析账号指标。

1. 粉赞比

在账号维度，第一个值得我们重点关注的指标是粉赞比，计算公式：粉赞比 = 总粉丝数 / 总点赞数。

粉赞比可以非常直观地反映账号的粉丝黏性，如果粉赞比太低，说明账号的粉丝黏性较低，吸引观众的内容仅仅停留在视频层面，并未上升到博主的人设、账号层面。在图 4.3.6 中，中间红框里的为总粉丝数，右边红框里的为总点赞数。

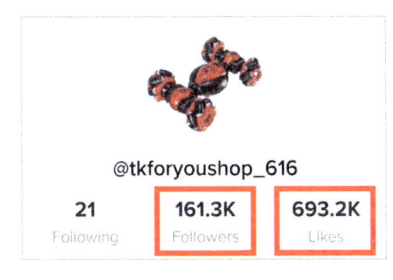

图 4.3.6

粉赞比的判定标准一般是，大于1∶6，认为账号的粉丝黏性较高，粉丝较为精准；低于1∶6，则认为视频有一定的优化空间，例如有些账号的粉赞比达到1∶15或者1∶20，这便是非常典型的粉丝黏性较低的表现。从优化的角度来看，主要有两点需要注意。

（1）内容垂直。内容垂直是增强粉丝黏性非常重要的一点，这代表了账号向粉丝传达的确定感。例如我们运营一个与玩具车相关的账号，粉丝在心中便会有一个预期，这个博主的内容都是和玩具车相关的，这种确定感在增强粉丝黏性的过程中会起到重要作用。

如果大家平时有留意的话，会发现有一类账号的粉赞比非常低，粉丝黏性较差，这便是新闻类账号。我们回想一下浏览新闻类账号主页的感觉，在TikTok上，当被一条新闻引发兴趣之后，会有一个进一步的动作，便是进入账号主页，以期了解更多关于这条新闻的消息，但是进入之后发现这个账号只有这一条视频是关于这条新闻的，很多人会自然而然地划走。那么该账号对观众的吸引力便仅仅停留在那一条视频的层面，并不能上升到账号层面，这就是内容不垂直带来的弊端。因此若想提升粉丝黏性，一定要让账号的内容尽量垂直。

（2）持续更新。持续更新是增加粉丝黏性非常必要的动作，在互联网上，我们大部分人的记忆力是极其有限的，而TikTok上的短视频对于观众来说更是快餐式内容，因此在TikTok上留给观众的记忆是更加有限的，如果没有办法保持高频更新，粉丝会很快忘记我们，粉丝黏性就会降低。因此在运营TikTok账号的过程中，应该尽量保持日更。

2. 粉丝分布

第二个指标是粉丝分布。我们往往将其简单地分为性别分布、地区分布和年龄分布。

在性别分布中，我们对于有性别指向的账号，其判定标准为单性别比例不低于70%。何为有性别指向的账号呢？例如美甲类的账号，性别往往指向女性；汽车配件类的账号，性别往往指向男性。那么在这一类账号中，单性别比例需要至少大于70%，若低于70%，我们则认为账号的粉丝并不精准，有较强的优化空间。图4.3.7中红框展示的便是性别比例。

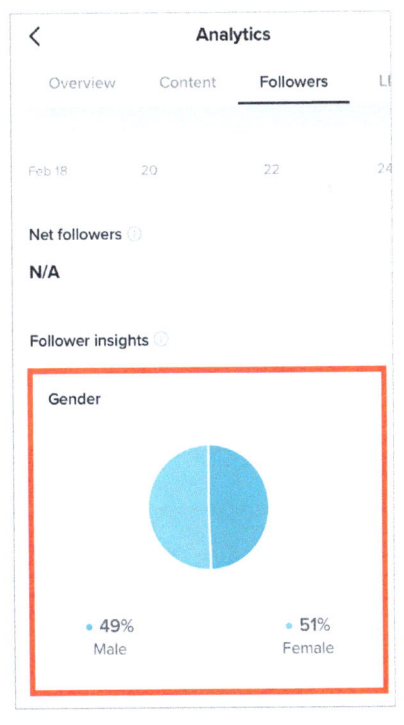

图 4.3.7

在地区分布中,我们的判定标准是:主要来自目标国家的粉丝占比应该大于 20%。若我们的目标国家是美国,那么美国的粉丝占比应该大于 20%,若目标国家为法国,则来自法国的粉丝占比应该大于 20%。若低于 20%,我们认为粉丝是不精准的,有较大的优化空间。图 4.3.8 中红框部分展示的便是粉丝的地区分布。

图 4.3.8

对于年龄分布,我们的判定标准为至少 50% 以上的粉丝为成年人。同样地,我们可以在账号分析界面上找到观众的年龄标签,以此来分析其粉丝是否为精准人群，图 4.3.9 中红框部分展示的便是粉丝年龄分布情况。

图 4.3.9

当然，除了依靠账号分析界面的标签来判断年龄，我们还有一个更加直观的方式来对粉丝年龄进行验证。那便是采用抽样调查的方式来推算粉丝年龄分布情况。具体操作方法是，在粉丝列表中，随机抽取 100~200 位粉丝，点击他们的头像进入主页，查看他们的视频，从视频中判断他们是有购买力的成年人还是没有购买力的儿童，并做好记录，遇到隐私账号或无法判断的账号则跳过。通过该方法可以初步判断粉丝的年龄层，如果 50% 以上都是儿童，则说明我们的账号流量跑偏了。

发现账号流量跑偏之后，应该如何应对呢？一般有两种思路。

（1）继续运营，从长期坚持的维度考虑，期待能将账号流量调正。

（2）放弃该账号，重新运营一个新的账号。

经过我们的不断测试，在上面两种思路中，往往第二种会更加高效，所以推荐大家采取第二种思路应对流量跑偏的问题。

4.4 零播放的原因与处理方法

很多刚入门的小伙伴都会遇到一个普遍的问题，就是视频零播放，如图 4.4.1 所示。

接下来我们一起分析视频零播放的原因，并给出一些解决方法。一般来说，导致视频零播放的原因主要有以下五个方面。

（1）硬件环境问题。

（2）软件环境问题。

（3）视频内容问题。

（4）视频查重问题。

（5）审核延迟问题。

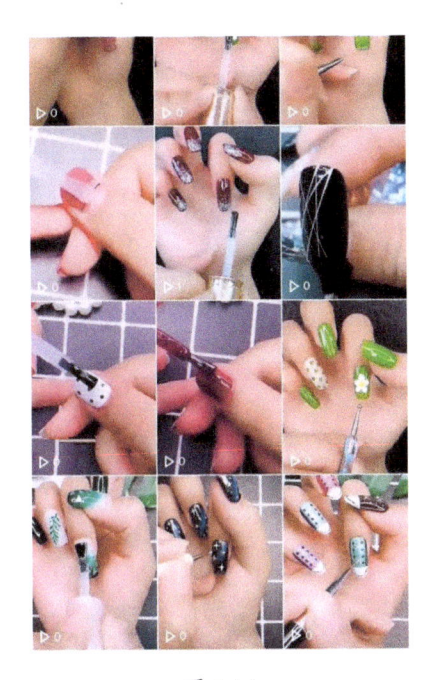

图 4.4.1

下面按照顺序一一讲解。

4.4.1 硬件环境问题

硬件环境问题,也就是与手机设备相关的问题。

我们首先要检查手机是否插卡,其次需要检查手机是否残留运营商信息(合约机会经常出现这个问题)。如果手机插卡,一定要记得将卡拔出,如果拔卡后仍可检测到运营商信息且刷机后无法抹除,建议更换手机。另外,国产的安卓机往往对 Google 框架的兼容性不够好,会出现很多奇奇怪怪的问题,这些问题都会导致视频零播放。

同时，随着 TikTok 软件的更新与迭代，某些手机型号也会受到影响，例如 iPhone 6，这时便应该及时更换手机。

4.4.2 软件环境问题

软件环境问题主要涉及的要点有以下 5 个。

（1）IP 地址。

（2）DNS（域名系统）。

（3）系统语言。

（4）系统时间。

（5）iPhone 手机的广告追踪。

将 IP 地址定位在海外是使用 TikTok 的基本条件，否则将无法正常使用 TikTok。那么具体将 IP 地址定位到哪个国家或哪个地区呢？主要看自己的目标用户在哪里，例如你的目标用户在英国，那就要把 IP 地址定位在英国。特别需要注意的一点是，定好一个 IP 地址之后不能随意更换，否则会被系统检测到，并给账号打上 IP 地址异常标签，账号一旦被打上异常标签，就算后期环境搭建好了，视频播放量也是很难破零的。

与此同时，DNS 和系统语言也要与 IP 地址所在国家保持一致，例如针对英国用户的账号，系统语言就应该改为英语，如果是针对日本用户的账号，语言则应该改为日语。

对系统时间的要求则更为细致，需要根据 IP 地址所在的具体城市来定，不能根据国家来选，因为有些国家不同城市的时区不一样，例如美国就横跨了西五区至西十区。

上述条件是否满足可以通过 whoer 网站进行检测。

下面要介绍的要点是无法检测的，所以很多小伙伴会漏掉，这里一定要注意。

如果使用的是苹果手机，那么一定要在"通用"→"隐私"→"广告"中找到"广告"开关，iOS14 以下的版本需要把"限制广告追踪"打开，iOS14 以上的版本，则需要把"个性化广告"关闭。

当然，除了这几项，还存在节点线路的污染问题，有些 IP 节点被使用得太多，仍然会被检测异常导致视频零播放，那么此时就应该寻找新的 IP 节点来进行起号。

4.4.3 视频内容问题

视频在发布的时候，TikTok 首先会进行机器审核，如果视频质量太差，模糊不清，满屏都是像素点，则会导致无法通过审核，必然导致零播放。

视频模糊不清的很大一部分原因是，我们在传输视频的过程中，视频会被压缩，从而导致画质清晰度降低，这时我们就需要掌握无损互传的方法。无损互传的方法和工具有很多，例如苹果手机与苹果手机之间可以隔空投送，电脑与手机之间可以用数据线传输，安卓手机与安卓手机之间可以用 QQ 面对面快传或企业微信传输等。

在视频内容上，有时会因为视频类目的问题导致零播放，例如视频类目过于枯燥，视频内容毫无转折，不符合 TikTok 短视频的逻辑（节奏欢快、新奇特属性等），这样便会有很大概率导致平台完全不推送该视频。

4.4.4 视频查重问题

视频查重问题是导致零播放非常常见的一个问题。许多新手在创作短视频时，对原创短视频有一定的畏难情绪，从而直接践行了"拿来主义"，直接将国内外视频平台上其他创作者制作的优质视频下载，并通过简单的剪辑处理、二次创作后，便将视频搬运到 TikTok 上。

其实这一类搬运的视频，大概率是会被平台识别出来，并打上"重复内容"标签的，平台也会对这一类视频进行限流。有时在重复内容不多、不严重的情况下，平台仍然会给视频推荐少量流量，但多数情况下都是零播放。因此我们非常不建议做视频搬运。

从另一个角度讲，今天我们做视频搬运，一年之后仍然只会做视频搬运，但如果今天我们开始做原创视频，那么一年后我们便可能成为一名优质的原创视频创作者。

因此，如果你发现你的视频是因为查重问题导致的零播放，那么从现在开始就尝试制作原创视频吧。

4.4.5 审核延迟问题

在某些时间段,会因为某些时事而对某一类的视频审核变得更加严格。例如 2020 年,美国白人警察和黑人小伙的社会事件,经过不断发酵之后成为一个敏感话题,如果此时发出的视频与这个话题相关(可能只是一名黑人出镜),会导致相关视频审核时间变长,所以这种时候需要耐心等待。

这里可以给大家一个标准,一般一个正常视频发布 6 小时以内都会有播放量,如果遇到审核延迟的问题,最多可以等 12 小时。如果 12 小时后仍然零播放,则说明账号或者视频有问题。

第 5 章
TikTok 高转化营销的四个步骤

▶

5.1　短视频如何抓人眼球

5.2　如何激发观众的购买欲望

5.3　如何赢得观众信任

5.4　如何引导立即下单

通过 TikTok 获取流量，本质上是在 TikTok 平台通过短视频或直播等形式为我们的商品打广告。涉及广告，就必然涉及营销方法与转化逻辑。本章为大家详细讲解 TikTok 电商应该采用什么样的营销逻辑才能带来不错的转化效果。

TikTok 电商营销一般分为四个步骤，具体如下。

（1）第一步内容抓人眼球。这一步要达到的目标是前三秒必须吸引观众。这里的关键词是"前三秒"。在短视频中，前三秒往往决定了视频的生死，只有前三秒留住了观众，后面的内容才能体现出价值。

（2）第二步激发观众的购买欲望。这一步要达到的目标是充分激发观众的购买欲望，通过感官占领等方式让其产生消费冲动。

（3）第三步赢得观众信任。这一步要达到的目标是通过一些展示形式让观众相信商品质量很不错、有保障。

（4）第四步引导立即下单。这一步就是最后的临门一脚，让观众不要拖拉，在最短的时间内下单付款，完成交易。

从 TikTok 内容触达观众开始，经过以上四个步骤，环环相扣完成交易闭环。

5.1 短视频如何抓人眼球

在前面的章节中,我们提到了优质电商短视频必备的特质有画质清晰、突出重点、节奏感强等。那么接下来,结合营销逻辑,我们梳理在视频中植入哪些要点能够更好地吸引观众的眼球。

本节帮助大家梳理以下三个关键方法与要素。

1. 商品具有新奇特属性

TikTok 电商相比于传统电商有一个非常显著的特点,即可以通过视频或直播展示商品的属性,并激发观众的冲动消费欲望,进而找到观众的潜在需求。因此,在 TikTok 上做电商,首先需要在选品层面就思考清楚什么样的商品更容易激发观众的潜在需求。而"新奇特商品"便是其中一个答案。

无论是视觉上的新奇特还是功能上的新奇特,都可以激发观众的新鲜感与好奇心,它们能够让人眼前一亮,更容易抓人眼球。例如,设计特别的星空灯、可以戴在手腕上的手环便携数据线等,如图5.1.1、图 5.1.2 所示。

2. 强调商品痛点,引发共鸣

好的短视频都有好的内容,而内容的作用在于表达与传递,因此如果内容无法向观众传递出适当的情感或痛点,无法引起观众的共鸣,那么便无法抓住观众的眼球。换言之,在短视频的运营中,我们需要通过视频内容让观众产生共鸣,这也是非常好用且常见的方法。而在引发共鸣的同时,还可以极大地提高视频的互动率。

图 5.1.1

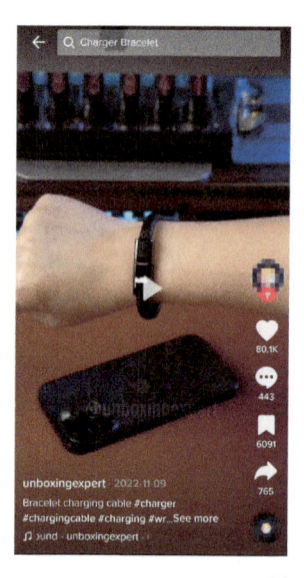

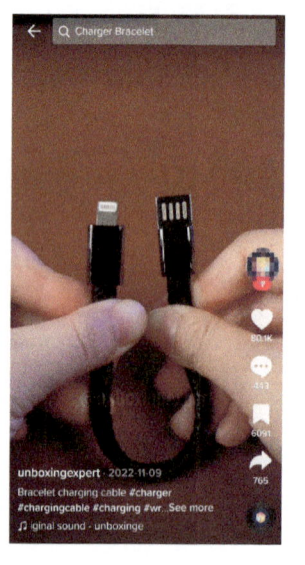

图 5.1.2

让观众产生共鸣往往有两个方向：一是通过传递情感价值，引发情感共鸣；二是通过传递商品的实用价值，引发生活中遇到的痛点共鸣。而在电商视频中，引发观众的痛点共鸣更为常见。如卖润肤乳的视频，在视频开头便可以展示皮肤皲裂的画面；卖收纳箱的视频，开头可以展示杂乱的房间等。

3. 夸张的展示手法

传统的长视频与短视频有一个明显的区别，长视频想要表达的主题往往是娓娓道来的，即慢慢展示细节，不急不躁，这类视频更加适合企业品牌宣传，或者是用于"人找货"的场景。

而短视频在情节的展示手法上则更加激烈，剧情会多次反转，冲突性更强，波动性更大，需要用最短的时间、最直接的方法把想要表达的主题传达给观众。

因此我们在 TikTok 上发布短视频，尤其是开头前三秒，一定要用夸张、反转的手法吸引观众的眼球，充分调动观众的好奇心。

5.2 如何激发观众的购买欲望

当观众已经被视频内容吸引并沉浸在视频中时，可能只是被内容所吸引，但并不代表他们对商品有购买意愿，更别说会做购买动作了。因此，接下来需要想办法激发观众对商品的购买欲望，让观众有一种"这件商品不错，我也想要"的感觉。在短视频带货的过程中，激发购买欲望的方式有很多种，这里主要讲6种常用的方法。

5.2.1 感官占领

在 TikTok 电商带货的整个过程中，我们与观众连接的第一个场景便是短视频，而通过短视频，观众所能调动的感官则是视觉感官与听觉感官。因此，我们在营销的过程中，应该充分利用画面的视觉冲击与配音的听觉冲击，让观众身临其境、感同身受地感知到商品是非常好的。

那么，在短视频展示过程当中，实现感官占领与抢夺观众的关注点就非常重要。以带货视频为例，我们在二次创作视频素材或者拍摄原创视频时，一定要在画面构图上和在内容设计上突出商品，而不能让其他内容抢夺了观众的关注点。

例如，之前辅导学员时，很多学员运营的是宠物类的账号，有一位学员来问我："老师，你看我这条宠物视频能不能带货，播放量特别高。"

我一看，视频播放量确实很高，宠物很可爱，内容很吸引人，我就问他："你想卖什么呢？"

他说："我觉得可以卖宠物用品，例如项圈、衣服、逗猫棒等。"

我问他："这个视频里的猫咪虽然戴了项圈，但是观众的关注点在哪里呢？观众为什么会喜欢这个视频呢？"

他说："关注点在猫咪身上，明白了。"

我又让他翻了翻评论，可以看到评论区所有人的关注点都在这只可爱的猫咪身上，观众的感官是被猫咪占领了，而不是被猫咪的项圈占领了，所以这样的视频是带不出货的。

5.2.2 顾客证言

顾客证言比较好理解，就像大家在淘宝上买东西的时候，一般都会看商品的评论区。为什么要看评论区呢？难道是大家想真正了解这款商品的好坏吗？有一部分原因确实是这样的，但这并不是全部。

大家知道评论区的内容很可能没有那么真实吗？相信80%的小伙伴是知道的，但是会不会去看呢？还是会的。因为大多数人都希望自己的选择是正确的，只不过是想在评论区的好评中找到认同感，在潜意识中强化自己决策的正确性。

由此可知，顾客证言非常重要。那么我们如何用好这个方法呢？

第一，可以在评论区对视频里的商品做一些解释性说明。

第二，可以让以往的顾客、朋友，或者我们的小号在评论区进行一定的舆论引导，甚至可以委托朋友体验一下商品，同时建议他们在体验商品时拍摄一些视频，并发到自己的 TikTok 账号上。

第三，在评论区可以提前发布一些关于商品的常见问题的问答。

第四，在独立站也可以做一些评价方面的引导，如图 5.2.1 所示。

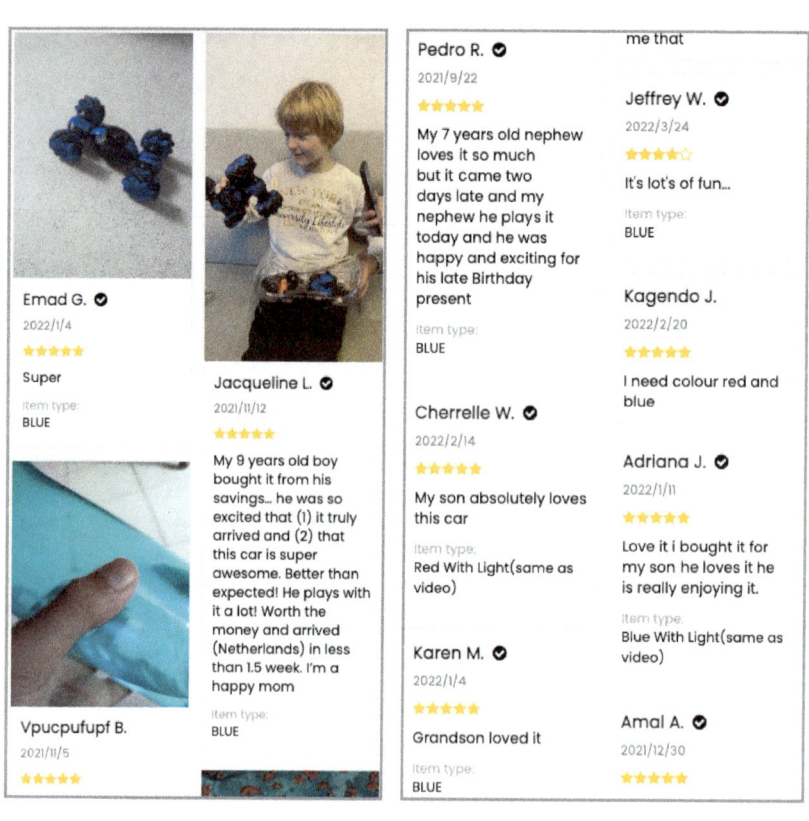

图 5.2.1

5.2.3　认知差与信息差

认知差与信息差其实无处不在，但由于这一类方法在许多时候有夸大宣传、出现货不对板的情况，甚至有欺骗消费者的嫌疑，因此这一类方法不建议大家使用。本节简单向大家介绍一下，了解即可。

做认知差与信息差营销的时候，一不小心就会触及夸大宣传和虚假宣传，很多人认为这是过度包装，更有不少人认为这是欺骗消费者。对于这种营销方法，宣传视频或文案里所提到的效果，大部分都是无法在短期内达到的。

例如，"穿上我们的产品就可以矫正驼背""喝了我们的减肥茶三天就能瘦下来""带上我们的仪器不需要锻炼也可以产生腹肌""用我们的产品涂抹一下就可以美白"等，如图 5.2.2 所示。这一类产品在宣传时所描述的功效非常吸引人，但想达到最终效果，其影响因素会有很多。我们对它们的真正作用很难证实，也很难证伪。

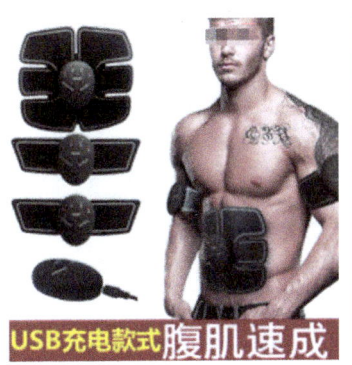

图 5.2.2

再次需要提醒大家的是，这个方法或许可以短暂收割一部分消费者，但绝不是长期经营的良策。因此，若是希望长久经营的小伙伴，不建议用这一类方法进行营销。

5.2.4 场景带入

场景带入在短视频营销的过程中也是非常重要的，因为可以将观众真正带入使用场景之中，可以极大激发观众的购买欲望。

我们以反重力手机壳为例，如图 5.2.3 所示，它的功能就是能贴在墙上。现在站在消费者的角度来想：这个东西有什么用呢？很多人会想，我长这么大也没用过反重力手机壳，也没有感到有什么不方便的，而且这个手机壳还黑乎乎的，也不好看。

图 5.2.3

用户如果这样想，是不是根本不会有购买欲望？下面我们来带入场景试一下（以下是视频画面，自行脑补）。

一个周末，一位父亲带着两个孩子去麦当劳吃饭，吃完后，孩子们很开心，父亲也很开心。这时候，他们想来个合影，发现身边没有人可以帮忙拍照，这个时候，父亲把手机"啪"地往墙上一贴，几秒后，一张很温馨的合影出来了。

一个场景展示完了之后，接下来的画面应该是什么呢？是开始推销商品吗？不，应该展示第二个场景。画面切换到第二个场景。

一个男人早上起床，对着镜子准备洗脸刷牙刮胡须，他还想看新闻，于是把手机拿出来"啪"地往墙上一贴，十几分钟洗漱完毕，早间新闻也看完了。

展示完第二个场景之后，接下来的视频应该怎么拍？是开始推销商品吗？不，应该展示第三个场景。画面再切入第三个场景。

一对小情侣走在海边，四下无人，海边风景很美，想合影留念，但当时没有人可以帮他们拍照，这时候男生从裤子里掏出手机，往停在沙滩上的小船上一贴，一张美丽的海景情侣照就出来了。

几个场景闪过之后，观众会不会觉得这个反重力手机壳还挺有用的？他们会不会想买一个试试？如果刚好这些观众看到这些场景，又联想到了自己身边的场景，这是不是就激发了观众的购买欲望呢？

5.2.5 恐惧诉求

其实短视频带货的鼻祖就是电视广告，而电视广告最常用的手法就是恐惧诉求，我们回想一下这些广告语：

（1）"这人啊，一上年纪就缺钙，过去一天三遍地吃，麻烦！"

（2）"胃痛，胃酸，胃胀。"

（3）"头发有问题，就像这棵树，哗~~（树叶掉落的声音）。"

（4）"要想皮肤好……"

这些广告语其实都是在你耳边悄悄跟你说："嘿，我告诉你，你的身体可能存在各种各样的问题。"如果刚好广告语中的某个关键词戳中你的痛点，那就是精准覆盖了，这种方式可以很大程度激发起观众的购买欲望。

5.2.6 畅销营销

所谓畅销营销，就是利用"羊群效应"与"从众心理"，将以往的销售成绩作为卖点进行营销，激发目标客户产生"那么多人都买了，我要不也试试"的心理，进而激发他们的购买欲望。

例如，我们在书店看书的时候，许多书的腰封上会怎么写呢？

"200万册纪念版！"

"被翻译为28种语言，销往56个国家！"

还有著名的奶茶广告语：

"一年卖出七亿多杯，杯子连起来可绕地球两圈。连续六年全国销量领先。"

上面的广告语一共就3句话，每句话拿出来都似乎是在高喊："我这奶茶卖得可好了，可畅销了！"

这时候你会有什么感觉呢？会不会想："这么畅销，这么多人买了,要不我也买一杯尝尝?"

于是,购买欲望就被调动了。

TikTok视频也一样。假如你计划卖一款玩具车,在做视频的时候,文案就可以写"每5个孩子中就有1个拥有这辆车",作为家长看到这条视频,想不想让孩子成为那五分之一呢?而如果过两天刚好又赶上节日,家长的购买欲望就会被多重调动起来。

5.3 如何赢得观众信任

激发观众购买欲望之后,观众也只是有了欲望而已,这时候还在徘徊,还在思考,此时我们应该抓住时机,通过各种细节潜移默化地让他信任你。本节给出4种主要方法。

5.3.1 事实证明

这一点与上一节讲到的"顾客证言"有异曲同工之妙,当观众在犹豫是否购买时,我们可以将实际使用场景展现在观众眼前来解决他们心中的疑虑,这样会使观众对我们的商品更加信任。

在TikTok中,有一个功能是"使用视频回复评论",也就是说,当观众在评论区进行留言或提问时,我们可以直接以实拍视频的形式进行回复。因此,TikTok短视频带货有着天然的事实证明优势,通过视频的拍摄,真实地展示商品,进而得到观众的充分信任。

例如，当我们卖防水手表时，观众可能会质疑手表是否真的能防水，我们便可以将商品直接放入水杯中浸泡几分钟，并将整个过程通过短视频的形式记录下来，回复在评论区，以此来打消观众的疑虑，增强其对商品与卖家的信任。

5.3.2 专家、权威证明

在多数消费场景下，当消费者在了解一款商品时，如果看到了权威专家对商品非常认可，消费者对商品的信任感便会大幅上升。举个例子，今天我们想买一双篮球鞋，如果一位著名的篮球运动员曾跟大家说过××牌子的篮球鞋很不错，那么消费者虽然从来没有了解过这个品牌，但也会对这一品牌的篮球鞋产生一定的信任感。

因此，在对商品进行展示时，可以在视频中直接或间接地嵌入一些权威专家的证明。但我们在具体实操中，往往很难直接请到某个领域的专家来为商品代言，因此专家、权威证明很难具象化。我们则需要通过一些表现手法将其展现出来。

例如，我们要在TikTok上售卖一款冲牙器，如果要呈现权威证明，最简单的办法就是将质检报告、权威机构颁发的证书通过视频的形式呈现出来，但冷冰冰的一张纸或几个证书其实非常缺乏生命力和视频该有的趣味性，那么这时候想要展示其权威性应该如何做呢？

如前文介绍的，可以将账号的头像设置为穿着白大褂的牙医，账号名称定为Dr.××××，甚至还可以找一些展示实验室的视频插入短视频中，这样可无形中在观众心里留下权威的印象，从而提高信任感。

回想一下我们曾经看过的电视广告，如舒肤佳香皂的广告，其往往会在电视画面上画两个圈，左边是用舒肤佳香皂清洗过的衣服，右边是用其他香皂清洗过的衣服，同时对它们做一个显微镜下残留细菌的对比。但是其展示的所谓的显微镜下的残留细菌，是完全写实的吗？其实并不是，而是通过这样的展示手法，以观众更容易理解的形式，具象地展示其专业性。

5.3.3 化解焦虑

在 5.2 节我们提到，恐惧诉求是激发观众购买欲望的一种方法，但激发了欲望、激发了恐惧心理没有用，能让欲望有所宣泄、恐惧有所化解才是关键。所以当我们戳中了观众的痛点，激发了恐惧情绪后，若可以提出解决方案，帮其化解，则可以极大提升观众对我们的信任感。

还是回到 5.2 节中介绍的"恐惧诉求"那几句广告语，我们来看广告语的下半部分。

（1）"这人啊，一上年纪就缺钙，过去一天三遍地吃，麻烦！"

下一句是：

"现在好了，有了×××高钙片，一片顶过去五片，一口气上五楼。不费劲！"

（2）"胃痛，胃酸，胃胀。"

下一句是：

"就用斯×舒胶囊！"

（3）"头发有问题，就像这棵树，哗~~（树叶掉落的声音）。"

下一句是：

"×××防脱洗发液，头发乌黑浓密。"

（4）"要想皮肤好……"

下一句是：

"早晚用×宝。"

可以发现，这些广告语都会先抛出问题，戳中观众痛点，制造恐惧诉求，紧接着会给出解决方案，推出自己的商品，这是非常有效的获得观众信任的手段。

我们举一个在 TikTok 电商短视频实操中，更加具体的案例。

一位护肤类目博主通过短视频推广一款洗面奶，短视频的第一个画面是一句文案"99% of people don't know how to wash their face"（99%的人都不会洗脸），这时许多观众的好奇心会被调动起来，会思考"我是不是 99% 中的一个？"这便是一个非常吸引观众眼球的开头。

接下来，博主会在视频中给大家讲述常见的错误洗脸方法，如洗脸前不洗手、以为洗面奶泡沫越多越好、洗完脸自然风干等，并将各个错误方法的原理一一为大家讲解。

当这位博主讲完之后，如果看视频的观众刚好被视频中定义的"不会洗脸"命中了，那么兴趣便会被调动起来，这也就是我们前面讲到的"恐惧诉求"。

接下来的画面又出现一句文案"The correct way to wash your face should be like this"（正确的洗脸方法是这样的）。这一步的目的是什么呢？是通过专业讲解来化解观众的焦虑情绪。

此时，这位博主开始对正确的洗脸方法进行讲解，并且讲得非常专业，告诉观众什么样的皮肤应该用什么样的洗面奶，哪些部位应该揉搓时间更长一些……通过一系列专业的讲解，让观众非常信服，这便大幅增强了对博主的信任感。此时就完成了通过"化解焦虑"来获取观众信任的过程。

如果继续把这条视频看完，会发现最后还有一个承接转化的动作。当获取了观众的信任之后，这位博主会拿出一瓶洗面奶对大家说：

"这是我为大家找到的一款非常好用的小众洗面奶，非常适合我刚刚讲述的××类型皮肤的人，它们原价是×××，我为粉丝们争取到了福利，在我视频下方/直播间购买，只需要××。"

这便是一条视频的完整营销链路。

5.3.4 充分沟通

我们在运营 TikTok 账号的时候发现，经过我们实战验证的 TikTok 直播转化率是 TikTok 视频带货的 3~4 倍。其实很多小伙伴想不通，为什么直播转化率会这么高呢？多数人得到的答案是直播可以交流，可以沟通，感觉直播连线看得见、摸得着。

但其实真正让转化率提高的是观众的信任感。因为有了及时充分的沟通，提高了观众的信任感，从而使得转化率得到了提升。

有的小伙伴会跟我说："我英文不好，不会直播怎么办？"

这就需要思考，我们为什么要直播。在直播过程中，可以在很大程度上充分沟通，从而解决信任问题。所以进一步思考，如果不具备直播条件，是否可以通过其他途径的充分沟通解决信任问题呢？答案是可以的。

当观众在评论区咨询商品细节的时候，我们需要做到及时解答，并在评论区认真营造一个问答场景，将常见问题的答案提前摆在观众面前，高效解决观众的问题。通过优化这些运营细节，也同样可以达到充分沟通的目的，也并不一定要通过直播才能实现充分沟通。

5.4 如何引导立即下单

通过视频抓住观众眼球，通过视频的展示激发了观众的购买欲望，通过细节优化赢得了观众的信任，那么最后一步就是引导观众立即下单了。引导下单也有非常多的方法，这里介绍常用的 4 种。

5.4.1 锚定效应

锚定效应无处不在，价格锚定也是非常常见的交易策略。举个例子。

你走在大街上，看见路边有个卖花瓶的小商贩，你过去看了看，发现有个花瓶还真不错，想买下来。

这时候你问小商贩："这个花瓶多少钱？"

小商贩说："100块。"

你说："50块卖不卖？卖就给我装上，不卖我就走了。"

小商贩说："卖！我给你包上。"

你心想："完了，买贵了。"

回顾一下这个场景，你为什么会叫价 50 元？首先，你在心里肯定对这个花瓶有一个预估价，同时结合商贩的报价，你觉得砍一半应该已经够狠了，就叫了 50 元，殊不知这个花瓶就算砍到 20 元，他也能卖给你，这就是锚定效应的实际应用。也就是说，商贩一上来已经给你定了 100 元的锚，除非你非常懂行情，否则很难再把价格谈得更低。

那么我们做 TikTok 电商也是一样的，你在视频中可以对你的商品进行标价。假如你将一件商品标价 29.99 美元，观众对这件商品产生了兴趣，在心中已经定下了 29.99 美元的锚。这时候，他们点开商品链接进入店铺，发现只要 19.99 美元就可以买到，同时你在价格标签下面放一个倒计时插件"最后 2 小时"（其实这个"最后

2小时"是循环播放的）。这时候，有些观众就会觉得可能捡到便宜了，2小时之后要恢复原价了，于是就赶紧下单。

5.4.2 正当消费

正当消费往往是通过激发人们善良、正义的情感而促成消费的营销手段。

举个例子，图 5.4.1 是一个视频截图，通过标签可以看出商家卖的是"皲裂膏"，文案写的是"妈妈长期做家务，一碰水手都裂开了，

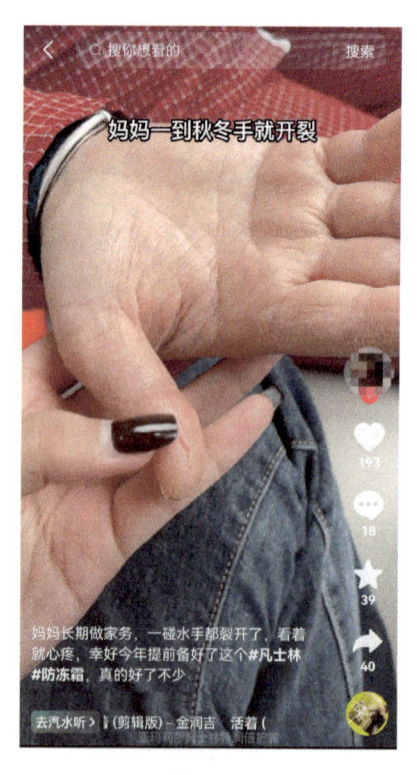

图 5.4.1

看着就心疼，幸好今年提前备好了这个"。视频中描述了冬天老人的手非常容易干裂，又痛又痒，这时候我们有一款×××皲裂膏，可以完全解决这个问题。

看到这里，基本上出门在外且很少有时间陪父母的子女们内心都会被触动，再加上如果父母真的有这样的情况，就会营造一种"买了这个东西就是正义！买了就是孝顺！"的心理，这时促成交易就非常简单了。

以上就是一个正当消费的案例，通过激发观众内心的正义感和善良促成消费。

5.4.3　限时优惠

限时优惠就很好理解了，当观众购买意愿比较强时，对于营销人员来说，只需要临门一脚便可以完成成交，此时便可以给观众一个限时优惠活动让他们不要拖拉，立即下单。

我们在设置商品标价时，可以在商品页面设置"画线价"来提高观众对商品的价值认知，如在标价时写上"原价：$59"，然后用一条线将其画掉，在下面写上"现价：$39（最后 2 小时）"。

当然，限时优惠这个营销方法也要谨慎使用，这个方法在独立站电商中已经用了很久，很多消费者其实已经明白了这里面的套路，知道画线价其实就是虚标价格，有时反而会引起他们的反感。所以是否使用限时优惠，需要结合自身商品与营销场景再做决定。

5.4.4　伪占便宜

被大众所熟知的伪占便宜的最为经典的营销策略就是，麦当劳、肯德基推出的"第二个半价"的促销活动。这种策略让消费者觉得占了便宜，其实商家获得了更多的利润。

我们在做 TikTok 电商的时候同样可以采用这种方法，就以独立站上的一款毛巾为例，如图 5.4.2 所示。

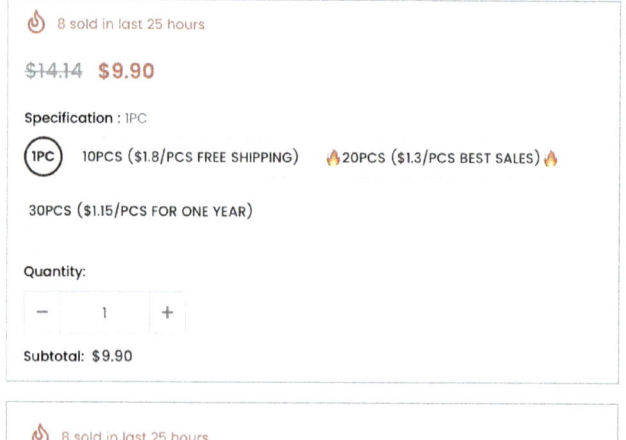

图 5.4.2

对于顾客来说，1条毛巾9.9美元，但是10条毛巾只需要17.9美元，平均每条只需要1.79美元，顾客买10条的单价比买1条的单价低了很多，因此顾客也会倾向选择一次性买10条毛巾。

对于商家来说，我们知道毛巾的拿货价其实是很低的，一条只需要几毛钱，如图5.4.3所示。

图 5.4.3

因此，在9.9美元的售价中，货物成本基本可以忽略不计，其主要成本则是跨境物流成本。虽然一条毛巾的拿货成本只需要几毛钱，但物流成本可能要达到20~30元。那么同一个包裹中，我们多加一条毛巾，多出来的物流成本和货物成本也只不过是多了1元左右（一条毛巾的成本约0.5元，因重量较轻，所以增加的运费约0.5元），但如果我们在9.9美元的基础上可以多收1美元，约为7元（假设美元兑人民币汇率为 1:7），则会多出 6 元的利润。

因此，我们希望观众可以在下单的时候尽可能一次性买更多的商品，从而增加观众的总消费值。

第 6 章
TikTok 红人营销

▶

6.1　寻找匹配的红人

6.2　分析红人质量

6.3　建联红人的话术

6.4　与红人合作的三种模式

6.5　与红人合作"避坑"指南

6.6　联盟营销计划的创建

红人[1]营销是 TikTok 电商中非常重要的一个板块,通过 TikTok 做红人营销,可以弥补跨境商家在内容生产上的短板,并极大地提高商家的知名度,扩大影响力,吸引潜在客户,促进销售转化。尤其对于内容生产能力较弱的商家,通过与红人合作,便可产出优质的本地化短视频或直播内容。

　　在本章中,首先会向大家介绍如何寻找红人、筛选红人及建联(与对方建立有效联系)红人,接着会对与红人合作的几种模式进行梳理,并给大家一些"避坑"小建议,最后会给大家介绍如何在 TikTok 电商中创建联盟营销计划。

---

[1] 在 TikTok 国内电商行业,从业者习惯于将 KOL、网红称作"红人",为方便读者日后深入学习和交流,本书与业内习惯叫法保持一致,统称这些人为"红人"。

6.1 寻找匹配的红人

红人营销的第一步便是寻找红人，在这一阶段我们需要根据目标类目、受众群体、营销目的等特性对 TikTok 红人进行初步筛选。这里主要为大家介绍以下 4 种方式。

6.1.1 通过 TikTok App 寻找

直接通过 TikTok App 来寻找红人是最常规、最原始的方法，也是非常有效的方法之一。在 TikTok 上，搜索与商品相关的关键词，可以找到许多相关视频，我们需要筛选出表现较好（如播放量明显高于同类目其他视频）的视频，再进入创作者的账号主页进行建联。通过这种方法便能收集到非常多的已经在 TikTok 上有一定粉丝量的相关领域红人。

有些红人会直接在主页上留下商务洽谈邮箱地址，我们可以直接通过邮箱去联系。也有许多红人没有留下联系方式，但他们往往都会在主页挂落地页链接，在落地页链接的"About Us"或者"Contact Us"中一般能找到联系方式。当然也可以在短视频的评论区批量给红人们留言，等待红人们主动联系。

6.1.2 通过 TikTok Shop 达人广场主动建联

通过 TikTok Shop 达人广场主动建联的方式，相比于直接在 TikTok 上寻找红人的方式，更加直接，也更加精准，但入驻 TikTok Shop 达人广场的红人目前还相对较少。

如图 6.1.1（a）所示，首先进入 TikTok Shop 商家后台，点击"联盟带货"。进入"联盟带货"界面，如图 6.1.1（b）所示，点击"达人广场"，可以看到许多已收录的红人，在界面上方可以对"粉丝数目""粉丝年龄""粉丝性别"等进行筛选，找到心仪的红人后，点击"在线沟通"，可以与红人直接建联，如图 6.1.2 所示。

（a）

（b）

图 6.1.1

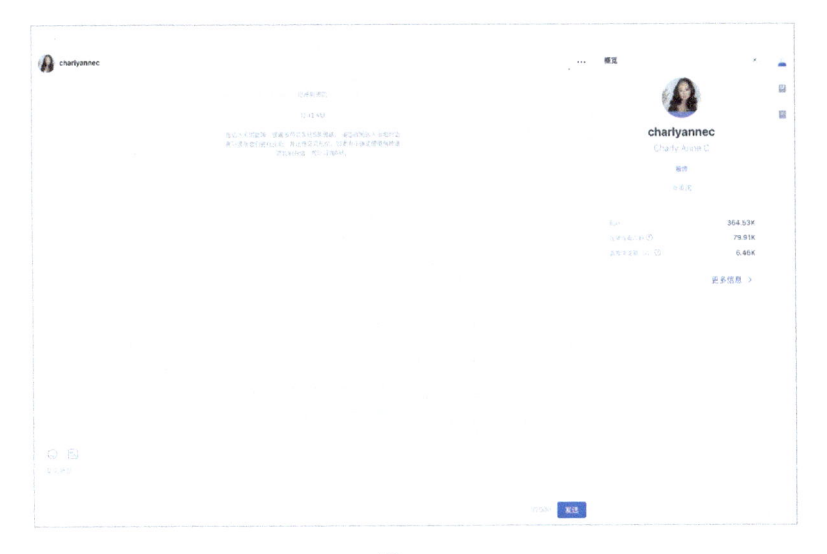

图 6.1.2

6.1.3　通过 TikTok Shop 达人广场被动建联

有时主动建联并不是最高效的方式，发出去的邀请也有很大概率会石沉大海。因此，我们可以在 TikTok Shop 达人广场留下信息，等待红人主动与我们建联。

具体操作是，首先点击"联盟带货"界面左下角"账号信息"中的"店铺信息"，然后依次点击"联系方式"→"添加"，如图 6.1.3 所示。

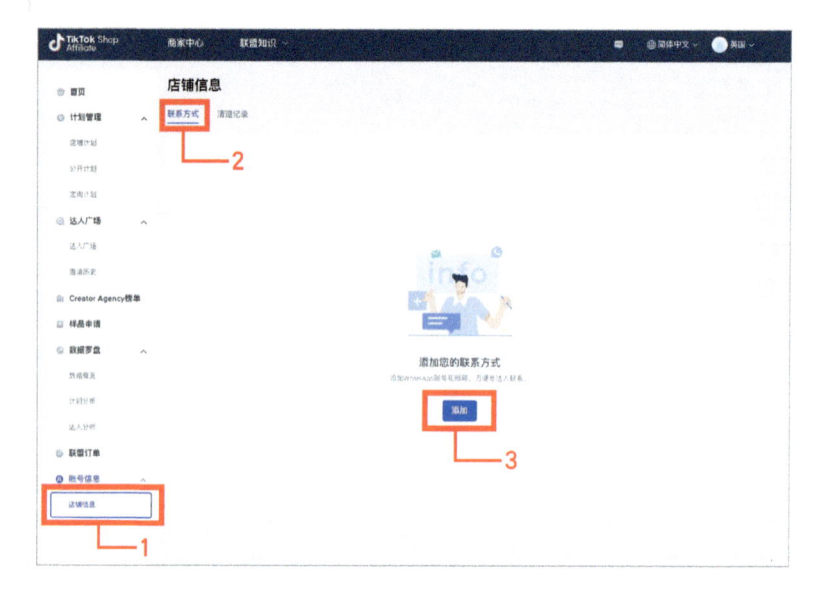

图 6.1.3

此时，可以将我们的 WhatsApp（一款即时通信 App）账号或者电子邮箱地址添加到联系方式中，如图 6.1.4 所示。WhatsApp 账号与电子邮箱地址至少要添加一个，当红人看到信息主动与我们建联后，我们便可直接在 WhatsApp 中或通过电子邮件与他们沟通。

图 6.1.4

6.1.4 关注与友商合作的红人

每一个行业、每一个类目下都会有一批属性相近的红人,当我们初入一个行业,不太了解行业中红人情况的时候,友商就是我们最好的老师,可以让我们迅速了解行业内红人分布状况,找到行业中比较受欢迎的红人,从而挑选出与商品适配的红人进行精准合作。

但需要知道的是,在 TikTok 中有许多类目相同、特点相似的友商,但并不是与每一位友商合作的红人都适合我们,判断其合作红人是否与我们同样契合的条件也并不是类目、商品这些因素,而是受众群体。

拿服装类目举例,粉丝群体是 20~30 岁的红人与粉丝群体是 40~50 岁的红人便很难通用,适合推广快时尚品牌的红人与适合推广高端时尚品牌的红人也无法通用。因此,在查看友商合作红人时,我们也需要进一步筛选。

6.2 分析红人质量

在红人营销中,虽然红人多多益善,但我们也一定要考虑投入产出比。因此,在建联红人之前,应该首先分析红人和其账号的质量。关于红人质量的分析,我们往往从以下几个关键指标入手。

6.2.1 红人粉丝量

红人粉丝量直接与合作形式、合作费用挂钩，所以第一步就要对红人的粉丝量进行分析。在分析时，首先要记住，对于不同的类目，粉丝量级是不一样的，因此我们不能纯粹地只看粉丝量，而需要将类目与粉丝量级相结合，才能对红人账号的价值进行精准判断。

例如，同样是 30 万粉丝的账号，宠物娱乐类目的账号与宠物电商类目的账号价值就完全不一样。许多垂直细分领域的账号可能粉丝量很少，但是不代表这些账号的变现能力弱。因此在分析粉丝量时，需要先了解这个领域，了解领域内多数优秀的红人粉丝量在什么量级，再对我们分析的红人进行价值判断。

同一个类目下，粉丝量越大的红人往往合作门槛越高。在前期试错成本有限的情况下，我们可以先分析这个类目下的中小级别红人的情况，因为许多中小级别红人是愿意"免费合作"的。很多时候，我们只需给红人寄一个样品，他们就愿意帮我们做视频宣传。通常我们还需要简单计算样品的成本能不能达到预期收益。

6.2.2 近期视频更新频率

这是一个非常实用的小技巧，在分析一个红人的账号时，需要分析账号的视频更新频率。更新频率高，代表红人的内容生产能力较强且收益较好，反之则较差。

同时，我们需要将以往视频更新频率与近期视频更新频率做对比。如果目标红人账号早期更新频率较高，而近期更新频率较低，则往往可以从侧面反映出该账号最近的收益可能并不是特别好。

6.2.3 近期视频平均播放量

我们都知道粉丝量与合作形式、合作费用等因素最密切相关，但其实对于广告主来说，曝光量、播放量、转化量才是最关键的指标。无论是 10 万粉丝的红人，还是 100 万粉丝的红人，这些粉丝都不属于他，为什么这么说呢？

我们会发现，很多拥有 100 万粉丝的账号，单条视频播放量往往都没有 100 万次，这就说明并不是该账号的每一个粉丝都能看到这个账号下的每一条视频，那么是谁决定粉丝们能不能看到这些视频呢？是平台的推荐算法。所以红人的粉丝并不属于红人，而属于平台的推荐算法，我们需要着重关注账号近期的视频平均播放量，关注平台给这个账号分发的流量情况。

在分析的时候，首先，可以将近期的视频播放数据和以往的视频播放数据进行对比，分析账号最近是否被限流，如果账号被限流，合作的价值则大幅下降。其次，需要对比红人的常规内容与广告内容，有些红人的常规内容偏向娱乐化，账号标签也偏向娱乐化，但广告内容无法和常规的娱乐内容实现很好的契合，导致视频广告流量较差，这一类红人也要慎重选择。

6.2.4 粉丝结构

在判定红人质量的过程中，粉丝结构也是非常重要的一环。在粉丝结构方面，我们往往考量 3 个维度，分别是年龄、性别和分布地区。

TikTok 上有购买能力的用户主要是成年人，因此在年龄方面，我们建议选择至少有 50% 比例的粉丝大于 18 岁（也就是成年人）的红人。如果一个红人的多数粉丝是未成年人，建议不要考虑与这样的红人合作。

从性别的角度讲，如果商品具有性别指向，那么受众性别粉丝占比应大于 70%，同样在第 4 章也详细介绍过，我们在这里再强调一次。例如，想要推广美甲商品，其主要受众是女性，那么红人的女性粉丝占比应大于 70%；假如想推广的商品是汽车零配件，其主要受众是男性，那么红人的男性粉丝占比则应大于 70%。如果受众性别粉丝占比过小，则说明该红人的粉丝结构与我们的商品受众并不太匹配。

从分布地区角度讲，建议红人粉丝至少有 20% 来自目标地区。例如我们想要开拓英国市场，就要要求红人的粉丝至少有 20% 来自英国。如果目标地区粉丝占比小于 20%，则说明该红人的粉丝对我们来说是不精准的。

6.2.5 账号类目标签

关于账号类目标签，我们首先要注意红人的账号是否为"洗粉"类账号。什么是"洗粉"类账号呢？例如，账号最初为了涨粉，主要发布的视频是泛娱乐类等容易涨粉的视频，在涨到一定粉丝量之后，账号将所有视频隐藏，并将账号头像、账号 ID、账号简介完全更换，包装成电商类账号，这就是非常典型的"洗粉"类账号。

如何分辨这类账号呢？

可以用两个方法来判断。第一个比较简单的方法是点击账号主页上"Follow"按钮旁边的小三角按钮，查看相关推荐账号，如果相关推荐账号与该账号的类目完全不符，则该账号大概率是"洗粉"类账号。第二个方法是观察视频平均播放量，各个类目都有一定的粉丝转化率，因此当账号粉丝达到一定量级时，播放量也会达到一定的量级，如果粉丝量很大，但是普遍播放量较低，则大概率是"洗粉"类账号。

再有一点就是，需要考虑红人的视频特点，有些红人的视频内容偏向娱乐方向，含有更多的娱乐属性，这样的账号往往在电商领域表现都不太好。所以我们找红人的时候，建议寻找视频内容具备电商属性的红人。

6.3 建联红人的话术

找到了目标红人之后，在沟通和建联上有许多细节需要注意，包括建联邮箱的选择、邮件主题与内容等。其中的核心思想就是要让红人对我们产生充分的信任，并愿意与我们沟通合作。

6.3.1 建联邮箱的选择

对于建联邮箱的选择，一般建议使用带有品牌域名的邮箱，例如品牌名为××××，那么就用"@××××.com"这样后缀的邮箱给红人发送建联邮件，以便增强红人对我们的信任感。可以向网易企业邮箱、腾讯企业邮箱等企业邮箱服务商获取域名邮箱。

如果没有品牌域名邮箱，也暂时不想注册域名邮箱，则推荐用Gmail邮箱，但在给邮箱命名的时候一定要注意，不要用一些晦涩难懂、无意义的字符或数字组合作为邮箱的名字，建议用自己的名字或品牌名来给邮箱命名，例如品牌名为××××，邮箱名称可以是××××@gmail.com。如此一来，红人对我们的信任感会更强。

6.3.2 邮件主题与内容

选择了合适的建联邮箱后，我们需要注意的便是邮件的具体内容了，这也是整个建联过程中非常关键的部分，关乎着建联成功率。

本节为大家分享一个建联模板，以及其中的细节。

首先需要注意的是邮件主题，建联邮件的主题一般要包含"品牌名"与关键词"Collaboration"（合作），让红人第一眼就清楚这是一封关于××品牌有意寻求合作的邮件。

接下来便是正文部分。第一次与红人沟通时，不要事无巨细地把所有细节与诉求都讲清楚，只需要写明必要的基础信息，表达清楚来意并且对红人表现出足够的尊重和诚意即可。

下面给大家一个简单的模板。

（1）先与红人打招呼，并带上对方的名字。

> Hello,（Influencer Name）.

> 你好，（红人的名字）。

（2）先做简单的自我介绍，告诉红人我们是谁，来自哪家公司，并初步表达合作意愿。

> My name is (Your Name) and I am part of the (Company Name) team. We are a company focused on the cross-border e-commerce industry. We noticed you have great content and influence on TikTok and would like to partner with you to promote the products.

> 我的名字是（你的名字），我是（公司名称）团队一员。我们是一家专注于做跨境电商的公司。我们注意到您在TikTok上拥有出色的内容和较好的影响力，希望能与您合作，推广我们的商品。

（3）接着可以对红人的视频进行赞美和肯定。

> Your video is very creative and we really like it! We are looking for a TikTok influencer with a wide reach to help promote our brand and products. We believe that your influence and expertise will help us achieve this goal better.

您的视频很有创意,我们非常喜欢!我们正在寻找具有广泛影响力的 TikTok 红人来帮助我们推广品牌和商品。我们相信您的影响力和专业知识将帮助我们更好地实现这一目标。

(4)然后表达出合作意愿,并附上商品信息。

I have a product that I think your audience would like. I would like to work with you to recommend the product to your audience. Would you be willing to test and review (product)?

Product Name

Product Image

Product Features

我有一款我认为您的粉丝会喜欢的商品。我想与您合作,向您的粉丝推荐该商品。您愿意试用和体验(商品)吗?

商品名称

商品图片

商品特点

(5)表达出期待后续沟通的意愿,将主动权交给对方。

If you are interested, we would love to set up a call to discuss the details and answer any question you may have. We believe that this partnership has the potential to be a win-win situation for both parties.

Please let us know if this is something you would be interested in and we will schedule a call at your earliest convenience.

Thank you for your time and we look forward to hearing from you soon.

Best regards.

如果您有兴趣,我们很乐意跟您打电话讨论细节并回答您的任何问题。我们相信,这样的伙伴关系有可能带来双赢局面。

如果您对此感兴趣,请告诉我们,我们将在您方便时尽早安排电话联系。

感谢您的时间,我们期待着您的回复。

致敬。

(6)最后在签名的位置需要写上我们的信息,包括你的名字、公司名称、联系方式,还可以附上公司的简介以提升红人对我们的信任感。

(Your Name)

(Company Name)

(Contact information)

(你的名字)

(公司名称)

(联系方式)

至此，与红人建联的邮件内容基本就完成了。如果在合作中，针对红人有特殊的要求，可以在邮件中添加关于商品的详细介绍以及卖点，凸显其优势，这里需要具备一定的英语写作技巧。期待大家可以针对上述范文的要点举一反三，创作出更好的建联邮件内容。

同时，需要注意的是，如果邮件中需要插入附件，那么附件大小一定不要太大，如果有图片的话，图片大小建议控制在20KB以内。

6.4 与红人合作的三种模式

与红人合作的过程中，一定注意要充分尊重对方，只有在双方都感觉舒服的前提下，才能够使合作更加高效。最常见的与红人合作的三种模式分别是：免费寄样、付坑位费和佣金提成。

6.4.1 免费寄样

对于免费寄样这种合作模式，成本相对较低，我们只需要给红人寄送一个样品，很多红人便愿意免费帮我们拍摄宣传视频和带货视频，或者在直播间展示商品。这种免费寄样的模式往往更适合20万粉丝以下的中小级别红人。

具体的合作流程通常有以下几个步骤。

（1）确认推广目标。在确定合作之前，首先应该与红人确定好此次推广的目标，是需要进行商品曝光，还是品牌宣传，抑或追求转化。只有确定了推广目标，在后续的合作中双方才会更容易达成一致，也更利于后期的复盘与优化。

（2）确认视频展现形式。根据不同的推广目标和不同的红人状况，会有不同的视频展现形式。例如，以品宣、商品曝光为推广目标，可以用 Vlog 的形式或者测评的形式进行商品展示，而以转化为推广目标的话，则更适合使用直接展示商品、代入应用场景、开箱测评等展现形式。

（3）确定文案内容。确定好视频展现形式之后，我们可以结合红人的具体风格与红人共同设计视频文案，这里包括视频画面上的文案、视频标题、评论区相关文案等。

对于视频画面上的文案，建议尽量简练，如果红人展现力较强，也可以直接省略这些文案。对于视频标题，一般建议提前在 TikTok 上创立品牌标签，在红人推广时，可以在标题后面打上品牌标签。如果红人愿意的话，也可以让红人在文案区 @ 商品的官方账号，进行引流。对于评论区文案，则需要提前将观众可能遇到的问题告诉红人，如果有观众提出相关问题，可以及时解答。如果红人允许的话，也可以用商品官方账号在评论区与观众互动。

（4）确定上线时间。确定好视频展现形式与文案之后，便可以约定拍摄进度与视频上线时间。一般是红人收到样品 7 天内上线视频，也可以根据不同的商品、不同的国家和地区、不同的红人进行灵活调整。

（5）主页链接追踪。如果是通过 TikTok Shop 合作的红人，需要确认红人在发布视频时已经挂上了指定的商品链接。如果需要导流到站外，如独立站、Amazon 等，则需要确认红人对导流路径是清楚的，以及在其主页网站中可以方便地找到我们的网站，同时也可以约定外链的展示时间。

（6）复盘打分。对红人营销效果进行复盘是非常重要的一环，在复盘的时候我们往往可以从互动数据和交易数据两个方面给这次推广进行打分。例如，互动数据的完播率、评论率、转发率等，交易数据的商品曝光点击率、下单率等。通过不断地复盘、优化，筛选出合适的红人以及合适的合作模式。

6.4.2　付坑位费

对于这种模式，红人往往不在意佣金收入，也不想对曝光量、转化率做出任何承诺，只要求有保底的坑位费。当我们的商品知名度较低、红人对商品相对缺乏信心时，常使用这种合作模式。

对于这种合作模式，我们的收益与红人的收益无法强关联，具有一定的合作风险，因此需要提前对合作视频进行评估。

主要的评估方式是根据展示量（在 TikTok 上一般指播放量）的市场价来估算我们的投入产出比是否符合预期，因此需要对红人往期视频的播放量进行分析。目前在 TikTok 上，质量较好的红人 CPM（千次展示成本）大概在 10~20 美元之间，可以根据这个范围来报价。

另外值得一提的是，TikTok 相比于 YouTube 等平台，其红人推广的坑位费是比较优惠的，YouTube 红人推广的 CPM 往往会达到 60 美元。

6.4.3 佣金提成

在这种合作模式下，红人带货出单之后，商家需要付给红人一定比例的佣金。这种合作模式对商家来说，前期投入较少，风险较低。我们需要将商品利润率计算得比较清楚，并从利润中拿出一部分作为佣金，曾经有部分卖家没算清楚自己的商品利润率，从而导致卖得越多，亏得越多。如果不太清楚自己的商品应该给红人多少佣金的话，可以参考联盟广场上友商给出的价格，目前佣金率往往是 5%~20%。

当然，除了以上三种模式，在实际落地的过程中，会有第四种合作模式，就是既要免费寄样，又要付坑位费，还要给佣金提成，也就是三种模式的结合，或者其中任意两种模式的组合，这时就需要我们具体情况具体分析了。

如果我们对红人营销没有足够多的经验，也不知道如何与红人沟通谈判，或者觉得自己建联红人的效率很低，也可以直接找专业 MCN 机构合作，让 MCN 机构帮我们对接红人，帮助完成一系列的动作，从而提高红人营销的效率。

6.5 与红人合作"避坑"指南

在与红人合作的过程中，由于许多卖家缺乏经验，时常会掉进一些本可以规避的"坑"中，本节我们帮大家把这些"坑"——列出来，以便在之后实操过程中可以尽量规避。

1. 没有预先确定推广目标或目标不可量化

在与红人合作之前，我们首先要确定好这次合作的推广目标，也就是希望通过这次合作，取得怎样的效果，是增加品牌曝光度，是增加粉丝数，是提升商品销量，还是寻找优质客户等。

在确定了推广目标后，一定要为这个目标设定几个可量化的指标来衡量这次推广是否达到了预期。如果没有设定可量化的指标，最终会导致不知如何优化策略，或是结果与预期不符，如本来想要提高销量，但结果却提高了曝光度。

2. 选择了错误的红人风格、粉丝群体

许多卖家在合作之前，对红人的情况调研得不够深入，如红人的粉丝群体与商品受众不匹配，进而影响了转化率。就算同样是美妆类红人，有的红人更受东南亚国家观众欢迎，有的更受欧美国家观众欢迎，如果没有选择正确，会造成一定的损失。

这里还需要注意的是，我们在选择红人的时候一定要分析账号的互动率，若互动率太低，该账号的粉丝中可能大部分是虚假粉丝。

还有的商家虽然对红人粉丝群体做出了正确的判断，但人设形象和红人风格与商品形象、品牌形象并不一致，从而导致推广效果不佳，甚至影响了自身的品牌形象。

因此在与 TikTok 红人合作之前，我们需要详细了解红人的影响力和粉丝群体，以确保红人风格、粉丝人群、人设形象符合我们的需求。

3. 合作条款过于复杂

在和 TikTok 红人签订合同之前，红人需要了解商品的特点和功能，以及合作形式。商家也一定要详细列出合作条件，以确保双方的利益能够得到保障。

合同条款的复杂程度应该适中，不要过于简单或过于复杂。若合作条款太过简单，提供的内容较少，最终结果大概率达不到我们的预期。若合作条款过于详细、复杂，会对红人的创作带来一定的限制，红人很可能会拒绝与我们合作。

因此，在合作谈判的过程中，我们要多了解红人对合作的预期及合作目的，也可以向红人以往的合作商咨询红人的具体情况。提前做好功课，就可以很好地避免这些问题。

4. 没有及时评估合作效果

我们在合作过程中需要不断地分析红人视频的播放量、曝光度、互动率、品牌触达率、转化率等一系列指标。定期评估合作效果，以判断合作是否达到预期效果，并及时调整策略。

在评估合作效果时，一定要注意推广的实际效果，例如如果我们以转化为目标进行推广，那么就不要太在意播放量等过程指标，而应该关注转化率这个结果指标。

我们需要横向结合其他营销手段（如自运营账号）、渠道（如 Meta、Instagram 等）来评估合作效益。

只有通过不断评估、复盘，才能决定是否与红人继续合作。如果继续合作，也可针对这些复盘数据与结果来迭代红人的视频内容与合作形式。

5. 没有加强与红人之间的沟通

无论在合作前、合作中还是合作后，都需要加强与 TikTok 红人之间的沟通，以确保合作顺利进行，并随时解决合作中出现的问题，为下一次合作打好基础。

多数卖家比较在意合作前与合作中的沟通，往往忽略了合作后的沟通。合作后的沟通不仅可以让我们对合作过程中遇到的问题进行复盘，以便下一次与其他红人合作时更高效、顺畅，还可以让我们维系与红人之间的合作关系。

成功建联任何一位红人都是有成本的，如果我们没有建立良好的红人管理体系（如红人库）并及时维护他们，那将是对资源的极大浪费。

6.6 联盟营销计划的创建

目前在 TikTok Shop 上可以建立三种联盟营销计划，具体如下。

（1）公开计划。公开计划指商家创建的计划，所有符合联盟资格的红人均可看到。红人可以申请销售商家商品，通过后可进行分销。

（2）定向计划。定向计划指商家定向邀约某位红人为自己推广商品，红人接受后，即可开始推广商品。

（3）店铺计划。可以一键为店铺所有的商品设置佣金率，商品能够被更多红人销售。

其中，公开计划和定向计划应用得最多，下面向大家介绍如何创建这两种联盟营销计划。

6.6.1 公开计划

首先进入 TikTok Shop 店铺后台，点击"联盟带货"，如图 6.6.1 所示。

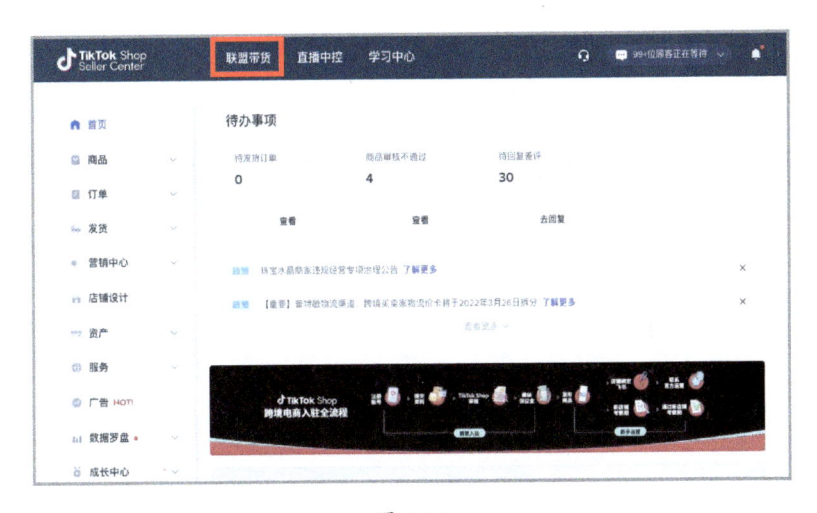

图 6.6.1

依次点击"计划管理"→"公开计划"→"新建公开计划"，如图 6.6.2 所示。

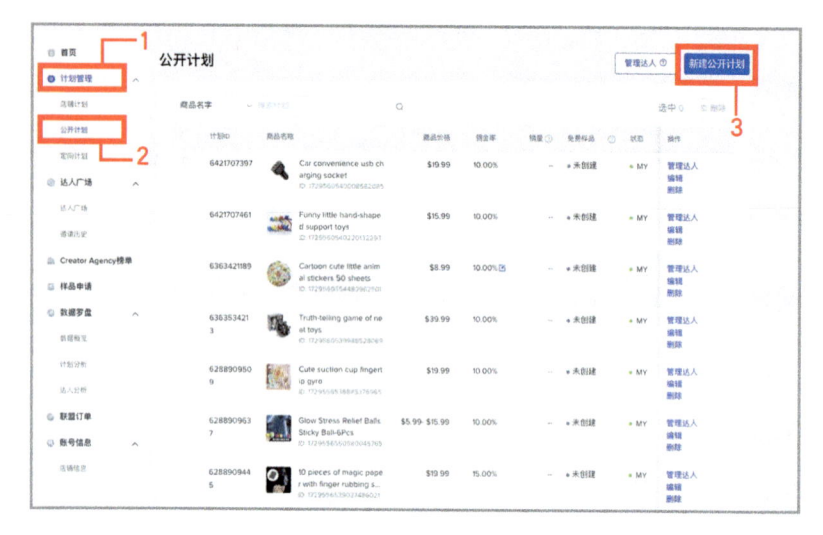

图 6.6.2

勾选想要创建计划的商品,点击"下一步",如图 6.6.3 所示。

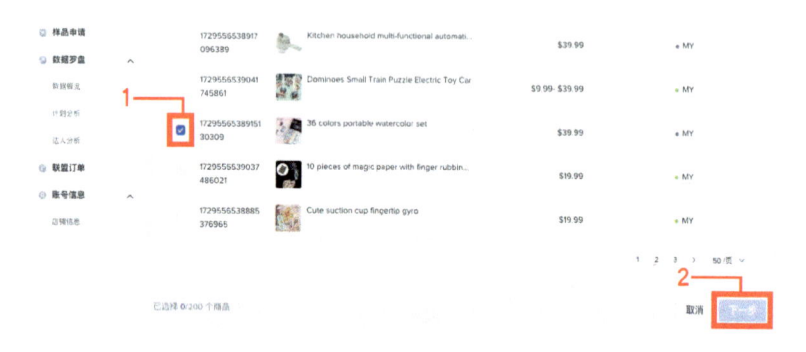

图 6.6.3

设置好佣金率后,点击"提交"即可完成创建,如图 6.6.4 所示。

如果我们期望的寻找红人的主要渠道来自公开计划,那么在公开计划中,白牌商品(指在当地市场,品牌认知度较低的商品)佣金率建议设为 10% 以上，同时要记得加上商品卖点。如果我们期望邀约更多定向红人，则公开计划的佣金率可以设置得适当低一些，一般在 4% 左右，这样才会有更大的空间与定向邀约的红人合作。

图 6.6.4

6.6.2 定向计划

回到"联盟带货"界面，依次点击"计划管理"→"定向计划"→"新建定向计划"，如图 6.6.5 所示。

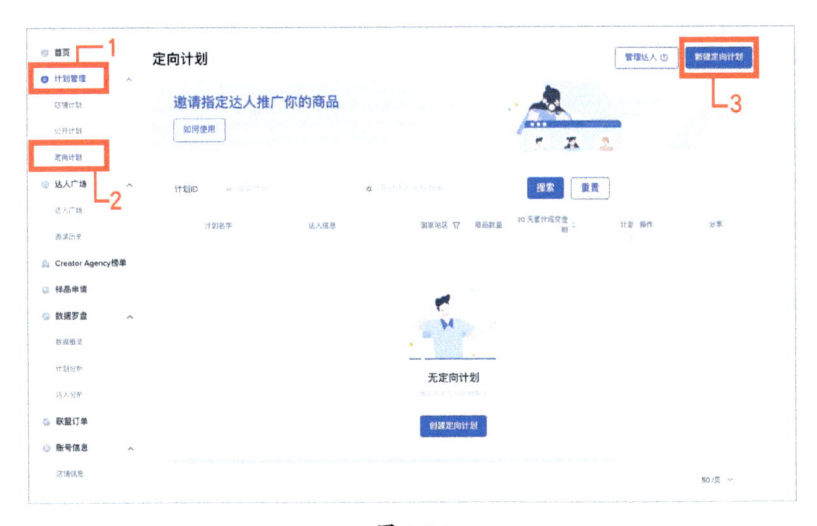

图 6.6.5

勾选想要创建计划的商品，点击"下一步"，如图 6.6.6 所示。

图 6.6.6

填写"计划名字"，并设置好佣金率，如图 6.6.7 所示。

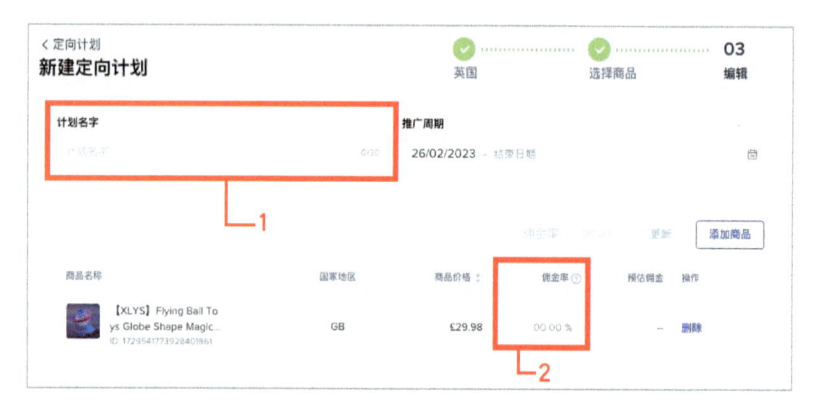

图 6.6.7

输入定向邀约的"达人名称",点击"提交",如图 6.6.8 所示,最后成功创建计划,如图 6.6.9 所示。

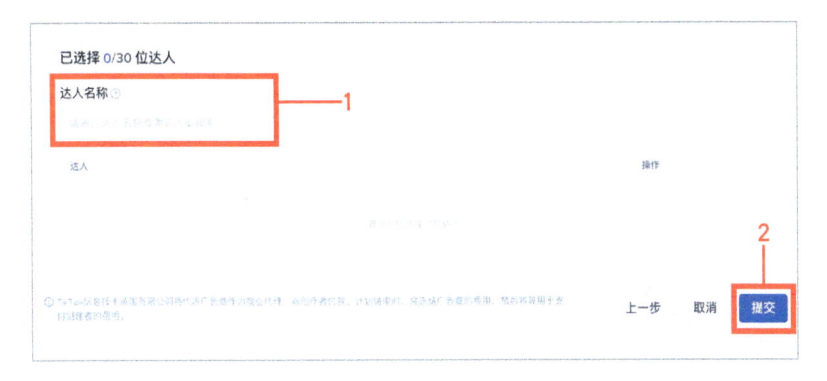

图 6.6.8

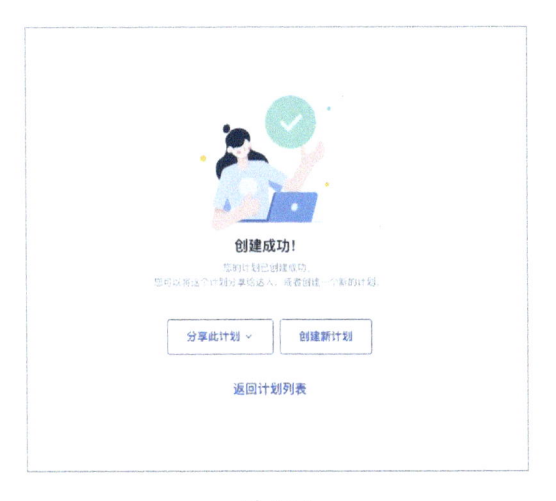

图 6.6.9

第 7 章 TikTok 电商选品策略

7.1 TikTok 电商基本选品逻辑

7.2 六大价值选品法

7.3 TikTok 短视频电商选品案例分析

7.4 两大选品渠道解析

做 TikTok 电商，会选品是非常重要的核心能力之一，因此我们需要通过对 TikTok 电商多个方面的理解，结合市场现状与自身优势，构建 TikTok 选品的底层逻辑与落地策略。这一章我们来讲解 TikTok 电商的选品逻辑、选品的成功案例及选品渠道。

7.1 TikTok 电商基本选品逻辑

TikTok 电商目前主流的两种带货模式分别为短视频带货与直播带货。两者的选品逻辑在许多方面都有差异，因此接下来将从短视频选品与直播选品两个方面进行介绍。

7.1.1 TikTok 短视频选品逻辑

在具体选品之前，我们需要对 TikTok 的选品思路有一个大概的了解，也就是要有一个初步的选品思路，本节分 6 个方面介绍。

1. 价格定位角度

在价格定位方面，一般选择价格在 10~100 美元之间的商品，经过验证，TikTok 电商中的平均客单价也在此区间范围内，如图 7.1.1 所示。

图 7.1.1

之所以选 10 美元以上的商品，是因为 10 美元以下的商品的利润空间比较小，往往物流成本就会占很大一部分；而选 100 美元以下的商品，是因为客单价过高的商品在 TikTok 上的转化率表现较差，这主要是因为用户在 TikTok 上的消费往往是冲动消费，而客单价过高的商品会使用户对价格比较敏感，从而导致决策链路变长，进而导致转化率较低。例如，我们看到一个售价 20 元的非常好看的杯子，此时并不会太在意价格，可能在路边就买了，但如果想买 2000 元的家用电器，则会在意品牌、性能等，也会货比三家。

2. 物流时效角度

物流时效这一参考指标主要针对的是做 Dropshipping（一件代发）模式的商家。在这种模式中，商品完全不经过商家的手，商家只需将订单发给供应商，直接让供应商发货即可。这种模式需要非常注意物流的时效性，因为有时从供应商发货到买家收货需要 60 天以上，也有时供应商无法提供物流单号或提供的物流单号无法查看物流记录，导致商家无法查看商品物流信息，以及无法知道用户是否收到货。

在选择 Dropshipping 供应商或者物流商时，20 天左右的物流时间（指从用户下单到收货的时间）可以考虑。时效高的物流渠道，往往物流价格较高，导致商家利润较低。而时效低的物流渠道容易出现如下两个方面的问题。

（1）物流时间太长，容易产生退货，导致退货率较高，会出现成本管控的问题。

（2）物流时间太长，容易产生客诉（客户投诉），直接受影响的便是收款账户。

这里需要说明的是，我们做 TikTok 电商，往往使用的是独立站（Shopify、WordPress 等），而不是第三方平台（亚马逊、Ebay 等）。开设一个独立站非常方便，可以直接 0 元开店，也不需要像入驻平台一样缴纳一定的保证金，所以独立站是比较难以监管的，那么在独立站交易往往被监管的是收款账号。所以如果产生客诉，会投诉到收款账号所在的机构，如 PayPal、Stripe 等收款机构，这时收款机构会将你账号中的资金冻结，容易给你带来资金流的问题。

3. 市场规模角度

如果你是 TikTok 跨境电商的新手，建议在初期选品的时候，选择市场规模较大的商品。这里不是说利基市场的商品不能选，只是建议先通过市场规模较大的商品了解 TikTok 这个平台用户的特点，在选品经验较为丰富之后，再寻找并选择利基市场商品。

之前有位新手学员跟我说："老思，我想卖毛笔。我有一个伟大的理想，要教会全世界的老外用中国的毛笔字写字！首先我去开一个写毛笔字的账号，教老外学会写毛笔字，然后就可以卖毛笔给他们。"我说："兄弟，你的想法确实不错，但咱们刚开始，先不要这样折磨自己。"

4. 年轻化角度

在海外社交媒体中，很多人会将 TikTok 与 Facebook 做对比，包括在选品时会通过 Facebook 寻找灵感，但其实 Facebook 的用户群体与 TikTok 的用户群体很不同。在 Facebook 上，年龄分布比较平均，相对于 TikTok 来说，Facebook 的中老年用户更多，65 岁以上的美国人有接近 50% 都在使用 Facebook。

而 TikTok 的用户中，60% 的用户在 30 岁以下。换言之，过半的 TikTok 用户都是年轻人。因此，无论是选品还是设计视频内容，都要将目标指向年轻人群。同时，年轻人的消费力相对较弱，为了迎合年轻人的消费力，我们往往选择客单价 100 美元以下的商品，这也是不建议在 TikTok 上卖高客单价商品的原因之一。

5. 商品是否容易买到

在 TikTok 平台上带货的商品往往具有"新奇特"属性，这是因为"新奇特"的商品在市面上比较少见，容易激发用户的兴趣。这类商品不仅可以吸引更多用户，同时也利于转化。

设想一个场景，假如你在刷抖音，发现抖音上有一个不错的商品，可转念一想，这个商品在楼下便利店就能买到，价格也差不多，那么你一般不会选择在抖音上买。所以我们要选择一些市面上不那么好买到的、具有"新奇特"属性的商品。

有的读者可能会感到疑惑，我在抖音上也看到过卖纸巾、卖垃圾袋的商家，这些不是很常见的商品吗？这里我们需要思考这些商品在抖音上的卖点是什么，往往都是便宜、低价。而跨境电商中，跨境发货的物流成本是比较高的，这类商品便无法使用低价策略进行营销，因此这类商品不太适合跨境商家在 TikTok 上售卖。

6. 价格敏感度

TikTok 用户在刷视频的时候，往往并不想买东西，可能只是想消遣时间。如果他想买东西，很可能会有针对性地去某购物平台上购买（俗称"人找货"），但对于短视频带货，则是在他没有购买需求的时候将商品卖给他（俗称"货找人"）。因此在 TikTok 这类社交平台上带货，往往需要借助用户的**冲动消费心理**。

如果用户对商品价格过于敏感，那么会极大地削弱其消费冲动。举个例子，现在你走在繁华的大街上，口渴了，想去便利店买一瓶农夫山泉矿泉水，一瓶普通的农夫山泉矿泉水，大众认知的价格是 2 元/瓶。这个时候你走进便利店一看，这家店售卖的价格是 6 元/瓶，你会怎么做呢？我想大部分人会出门左拐去隔壁便利店，因为对于农夫山泉矿泉水这件商品，用户的价格敏感度是很高的，价格稍有波动，用户便不会买账。

现在换件商品，假如我们要买一根手机充电线，多数人会觉得其售价差不多是 10 元/根，这个时候你走进一家手机店，商家说一根数据线卖 18 元，你的感受是怎样的呢？我想大部分人会觉得还行，不会像 6 元一瓶的农夫山泉矿泉水那样，对售价难以接受。

这就是要选择价格敏感度较低的商品的意义。

那么什么样的商品具有低价格敏感度的特点呢？我们从几个方面加以关注。

（1）商品价格认知区间较大，如美妆用品、3C 配件。

（2）商品的独特程度高，如猫爪杯、"新奇特"小夜灯。

（3）商品用途广但便宜，如多功能剪刀。

（4）商品或服务的转换成本高。这里一般讲的是可以建立护城河的商品，例如，商品是一款 App，或者商家自己有工厂，可以生产自己的商品。这种情况下，就要想办法提高用户的"转换成本"，让用户用了你的商品之后很难再换其他品牌的同类商品。

举个比较好理解的例子，我们用微信用了很久，假如某一天微信提供了新功能，让我们觉得很难用，此时我们会果断放弃微信而选择 QQ 吗？一般不会，因为放弃微信意味着放弃了微信上所有联系人的联系方式，需要非常大的转换成本。所以，此时我们便没有那么容易放弃它。

（5）商品的可比较程度低，如 Zippo 打火机。

7.1.2　TikTok 直播选品逻辑

直播选品逻辑与短视频选品逻辑在物流配送、市场规模、受众范围方面基本一致，但在不同地区的价格定位、消费行为、人货匹配上却有着较大的不同。

1. 价格定位角度

目前 TikTok 上比较受欢迎的电商市场为北美、欧洲和东南亚国家市场，因此我们主要针对这三大市场进行分析。

（1）如果目标市场是北美国家，价格定位则与前面提到的短视频的选品价格区间一致，即 10~100 美元。

（2）如果目标市场是欧洲国家，以最早使用 TikTok 的英国为例，客单价在 10~30 英镑较为合适。这是因为 TikTok 电商早期在开放英国市场时，主推的是低客单价商品，因此 TikTok 在英国市场已建立起一定的用户习惯，导致目前英国市场的平均客单价长期维持在 10~30 英镑。

（3）如果目标市场是东南亚国家，客单价在 5~15 美元比较合适。这是因为东南亚国家的普遍消费能力较低，经过较长时间的实践，5~15 美元的商品在东南亚的 TikTok 平台上比较受欢迎。

2. 消费行为角度

直播电商的观众的消费行为与短视频有着较大的差异，短视频中商品的展示时长较短，因此需要在短时间内击中观众的兴奋点，从而引发冲动消费欲望，进而产生冲动消费行为。而在直播过程中，直播间主播与观众交互的时间原则上是没有限制的，商家可以将商品更加充分地展示给观众，让观众了解到更多的商品细节，因此观众在消费的过程中，也有更多的时间做消费决策。

因此，从消费行为角度来讲，直播过程中并不一定要求我们的商品具有多么强的"新奇特"属性，并在短时间内刺激观众冲动消费。像服装、小家电等传统货架电商平台上常见的商品，也可以在 TikTok 直播中大放异彩。那么，在 TikTok 上做直播带货，观众在购物时有没有冲动消费的属性呢？也是有的，这里要说的是，没有绝对的冲动消费，只有相对有差异的消费行为。

3. 人货匹配角度

大多数中国卖家的优势在供应链端，在货物、商品上，有快速的迭代速度和强大的生产能力，而在主播能力方面，则相对处于劣势。多数国内主播在 TikTok 平台上很难找到目标国家的原生感，如妆容、口音、文化和习惯等。

因此，对于大多数新手来说，建议可以先从不需要露脸的商品做起，如玩具、组合礼包，通过以货带人的模式打造直播间，而不是以人带货的模式，其目的就是让直播间的重点聚焦在商品上，而不是在人身上。

同时，选择对主播能力要求较低的商品，这样能够更容易、更快速地"跑通"闭环，也更容易发挥出供应链的优势。而对于一些比较"吃"主播的商品，建议对 TikTok 直播有了一定的经验和较深的理解之后再进行尝试。

例如，在直播间卖高端品牌服饰，对主播的身材、样貌会有一定的要求；在直播间卖美妆类商品，需要主播对美妆方面的知识有一定的了解，同时需要有一定的镜头感。这些品类对于新手来说，都不是推荐的品类。

7.2　六大价值选品法

上一节为大家分享了 TikTok 电商的基本选品逻辑，相信大家对如何在 TikTok 上选品已经有了一定的了解。但要注意的是，基本选品逻辑旨在帮助大家在脑海中构建一个 TikTok 选品的粗略框架，明确选品方向。当大家在实战的时候，可以将具体的商品放入框架中，检查其是否符合我们的基本选品逻辑。

而接下来，我们需要了解更深层次的选品方法，即基于观众核心需求，以及商品为观众提供何种核心价值的选品方法，我们称之为价值选品法。下面介绍最常用的六大价值选品法。

7.2.1　视觉选品法

视觉选品法，是短视频乃至跨境电商领域非常常用的选品方法，其原理非常简单，就是一句话——"除了好看，啥用没有。"说错了，应该是可以给人眼前一亮的惊喜感。爱美之心人皆有之，所以在很多时候，好看，就是价值。

举一个反光裤的例子。如图 7.2.1 所示，我们来看这条反光裤，它穿起来会更舒服吗？面料会更柔软吗？走起路来会带风吗？都不

图 7.2.1

会。它唯一的作用就是在较暗的光线下会反光,裤子看起来亮亮的,在蹦迪的时候能让你成为全场最靓的"仔"。

再举一个香蕉猫窝的例子。如图 7.2.2 所示,将一个简单的猫窝设计成了香蕉的形状,这个猫窝在功能上有什么改进吗?在面料上有什么改进吗?能让猫咪变得更黏人吗?都不能。为什么它能成为爆款呢?因为好看。

图 7.2.2

再看下面这个小夜灯的案例。图 7.2.3 展示了一款可爱的小夜灯,消费者在购买它的时候会在意它的亮度吗?会在意它更节能、更省电吗?会在意它使用寿命更久吗?没有人在意,单单好看就行了。

图 7.2.3

还有非常多基于视觉选品法的案例，在跨境电商领域也产生了很多视觉型商品爆款。TikTok 平台上视频的其中一个优势便是可以刺激观众的视觉感官，因此视觉型商品结合 TikTok 平台的视频优势可以充分刺激观众的视觉感官，视觉选品法能够发挥更大的价值。

7.2.2　认知选品法

关于认知选品法，其实在"5.2.3 认知差与信息差"一节中介绍过，这类选品方法很多人在用，因为确实很容易产生爆款，但我还是不太建议大家使用。本节向大家简单介绍该选品方法，了解即可。

认知选品法的原理主要有以下几点。

（1）混淆概念。

（2）卖家与消费者之间在某件事物上存在认知差。

（3）赋予商品额外的价值。

先看案例，束腰带。如图7.2.4所示，大家可能还有印象，2021年，无论是国内还是国外，束腰带都非常火爆，众多网红不遗余力地"种草"推荐。他们赋予这款商品的价值是什么呢？瘦腰、减肥。但其实束腰带最早出现在产房，是一个产后修复工具，随后被众多"推手"赋予了瘦腰、减肥的价值。这就是认知差带来的效益。

图 7.2.4

人们会怎么宣传束腰带呢？"带上我们的束腰带，只需要坚持运动1个月，即可成功减肥。"

有没有发现这句话多了两个关键词，"运动"和"1个月"，商家所宣传的功效在短时间内往往无法达到，同时其影响因素也比较多，例如运动、饮食等。如果带上束腰带之后没效果，商家会说没到1个月，到了1个月没效果，商家又会说使用者没有科学运动、合理饮食。

这类选品方法选出来的商品往往会损害消费者利益，而任何建立在损害消费者利益上盈利的商业模式，都是不长久的。往往在昙花一现的同时，伴随着巨大的风险，建议大家不要售卖这类商品。

7.2.3　趋势选品法

对于趋势选品法，需要卖家对时事要闻、市场趋势特别敏感，卖家在这方面要具备敏锐的嗅觉。这就要求我们平时多关注海外新闻、热门社交媒体等，同时除了保持信息畅通，还要具备一定的信息处理能力。

举一个例子，现在有一则新闻：使用塑料吸管会被罚款。如果我们是跨境电商卖家，应该如何从这条信息中挖掘出巨大的商机呢？

这则新闻包含了两个关键词：塑料和吸管。我们是不是可以不用塑料来做吸管，把塑料吸管替换为纸质吸管、不锈钢吸管（见图7.2.5）呢？是不是也可以不做吸管，做一个可以直接喝的一次性杯盖呢？因此，纸质吸管、不锈钢吸管、不需要吸管的杯盖应运而生。

这时候就会出现第二个问题，假如我们的嗅觉没有那么敏锐，没有在第一时间捕捉到这个商机，不锈钢吸管已经有头部卖家在做了，我们很难与其竞争，但是又不想错过这次机会，应该怎么办呢？答案是"跟卖"。但是这里不是说直接简单粗暴地卖一模一样的商品，而是应该在已有基础上进行一些创新。

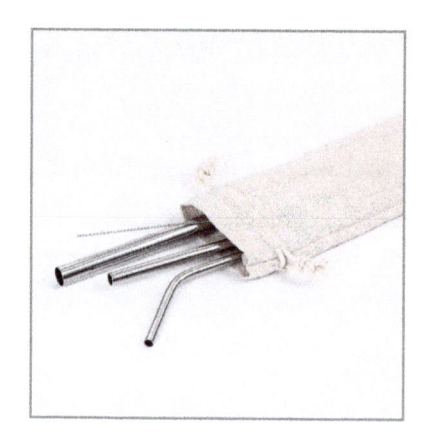

图 7.2.5

以不锈钢吸管为例,我们可以把吸管做成彩色的或伸缩便携的(见图 7.2.6)。

图 7.2.6

如果彩色的和伸缩便携的吸管也被别的卖家做了,那么我们还可以做彩色且可伸缩的吸管,创意无穷无尽。

在这类选品方法中，我们应该深入思考，细心挖掘。

7.2.4 实用选品法

在 TikTok 电商选品中，有两类选品方法号称占据了大半个江山，一个是已介绍过的视觉选品法，另一个就是实用选品法。

实用选品法往往需要关注"如何帮助消费者解决问题"。也就是说，要考虑所选择的商品到底能不能切切实实地帮助消费者解决某个问题，而不是像视觉选品法选择的商品那样，只是好看的"花瓶"。例如，曾经介绍的爆款商品"反重力手机壳"，其实就是典型的用实用选品法选出来的商品，因为它并没有额外的价值属性，唯有实用性。

再举个例子，汽车驾驶座收纳盒。如图 7.2.7 所示，它解决了什么问题呢？

图 7.2.7

（1）手机、钥匙、卡片等小物件容易掉进座椅旁边的缝隙中，收纳盒可以解决这类问题。

（2）解决小物件收纳问题。

所以，这就是一个非常好的实用性商品。

借着这件商品，我们给大家分享一个实用的万能拍摄模板，并以图片的形式简单拆解这件商品的视频拍摄结构。

如图 7.2.8 所示，在视频的第一个画面里，一个男子在座椅下掏东西，掏出了钥匙、香烟、卡片等，表情很苦恼，这时候旁白说："你在干啥呢？"男子说："钥匙、卡、烟都往座椅下面掉。"

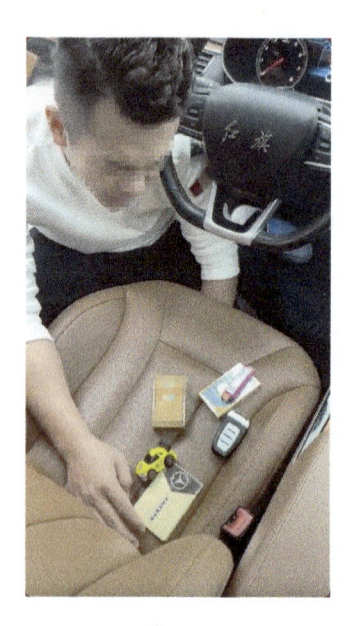

图 7.2.8

紧接着，视频里出现了一个东西，如图7.2.9所示，旁白说："用这个！"男子问："这是什么东西？"

这时候，切到第二个画面，视频里开始展示这件商品的各种细节，如图7.2.10所示，展示完之后，紧接着切换到第三个画面，主要展示商品"用在哪"，如图7.2.11所示。

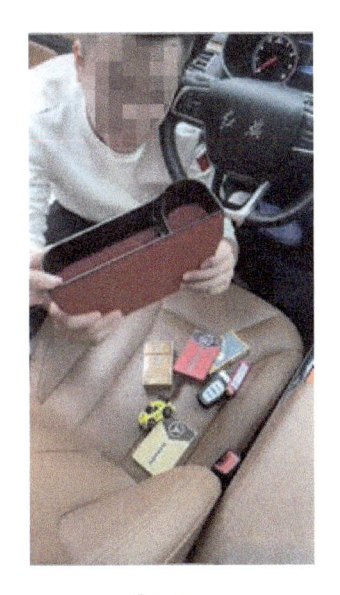

图 7.2.9

图 7.2.10

图 7.2.11

接下来是第四个画面,展示商品"如何使用",如图 7.2.12 所示。第五个画面,也是最后一个画面,告诉大家用了之后的效果,如图 7.2.13 所示。

总结下来,我们可以知道,为了全面展示一件商品的实用性,首先在视频里对用户痛点进行展示,例如我们的手机、钥匙等经常掉进座椅旁边的缝隙之中。展示完痛点之后,应该做什么呢?那就是化解用户焦虑,向用户介绍商品是什么?接着便是展示"商品用在哪""如何使用",最后则展示用完之后的效果。

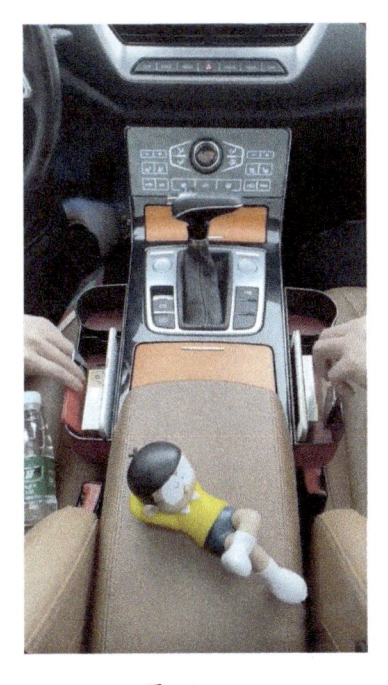

第 7 章 TikTok 电商选品策略

图 7.2.12　　　　　　　　　　图 7.2.13

综上，我们在拍摄或收集素材时，适合实用选品法的商品可以直接按照这个五步法进行拍摄或收集素材。

第一步：展示用户痛点。

第二步：商品是什么？

第三步：商品怎么用？

第四步：商品用在哪？

第五步：用完后有什么效果。

7.2.5 热点选品法

在使用热点选品法选品时，我们对时政要闻的嗅觉应该更加敏锐，这与前面讲的趋势选品法类似，但又有所区别。用趋势选品法选出的商品聚焦于未来长久的趋势，例如，大屏智能手机问世后，无法更换电池，那么使用充电宝将会成为大趋势。而热点选品法选出的商品其生命力往往就是一波，时效非常短暂，热点过去之后，其热度也会随之下降。

下面举例说明。某年某个国家闹得沸沸扬扬的黑人社群暴动事件，就是一个热度非常高的热点新闻。当时的民众心理普遍是什么状态呢？人身安全防范意识增强，每个人都觉得配枪才安全。这时候，我们就可以思考，针对这个热点，我们可以卖什么东西？

最直接的就是卖枪，但是这显然是不可能的，这在国内是违法的事情。这时候就可以运用发散思维，枪有需求，可是不能卖，那么枪支周边商品能不能卖呢？这就应运而生了一件爆款商品——隐形枪套T恤（见图7.2.14）。

以上就是用热点选品法选品的一个思路。但是需要强调的一点是，热点选品法选出的商品，其热度总是昙花一现，我们不要过分追逐，也无须把大量的精力放在这个上面。而是要抱着如果哪一天选中了一个热点型的爆品，就当中了彩票的心态去做。

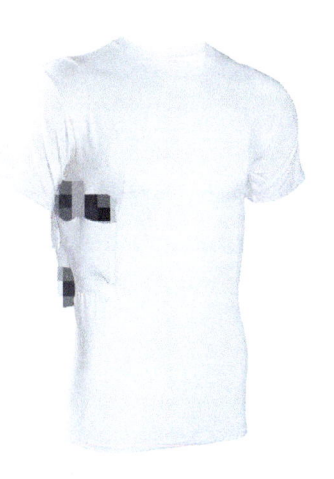

图 7.2.14

7.2.6 利基选品法

利基市场指的是在某个细分市场中具有相似兴趣或相同需求的一小群顾客所占有的市场空间。换言之就是,一个规模很小但确实有需求的细分市场。

用利基选品法选出的商品往往有以下几个优势。

(1)在市场份额的占领上,很容易成为 Top1、Top2。

(2)成为 Top1、Top2 之后,比较容易建立市场壁垒。

(3)市场容量有限,不会有大量竞争者,建立市场壁垒之后可以长期享受利基市场带来的红利。

有优势,对应的也会有劣势,利基型商品的一个弊端就是,由于市场规模有限,无法短时间内大规模"起量",只能"细水长流"。

下面举例说明。宠物墓碑，如图 7.2.15 所示，宠物已经成为很多人生活中不可或缺的家庭成员，人类对宠物的情感也越来越浓厚。陪伴了十几年的宠物去世之后，很多家庭愿意为宠物设立一个墓碑，以纪念曾经的家庭成员。那么这就是一个非常好的需求点，通过调研也可以发现这个市场需求并不是很大，而是宠物用品市场里一个非常小的领域，那么我们就可以集中力量抢占头部位置，享受长期红利。

图 7.2.15

细心的小伙伴会发现，我们在 7.1.1 节讲到，选品应该选市场规模大的商品，但是这里又说可以选利基型商品，这不是相互矛盾吗？其实不是。利基选品法需要对市场有足够深的洞察力，才能找到好的切入口，如果盲目进入很容易碰壁。所以在我们初入 TikTok 电商领域的时候，建议大家从市场规模大的商品入手，由浅入深、稳步前进。

7.3 TikTok 短视频电商选品案例分析

下面向大家分享我们曾经操作过的两个案例。

7.3.1 灭鼠先锋（一款解压玩具）

TikTok 上，曾经有一款非常火热的商品—灭鼠先锋。如图 7.3.1 所示，在亚马逊 Best Sellers 榜单中，箭头指向的即为该商品。

图 7.3.1

相信有很多小伙伴都见过这款商品，它是怎么被选出来的呢？

我们在 2020 年 12 月的时候了解到美国大型商超中出现了这款解压玩具，随后亚马逊的排行榜上开始出现类似商品，紧接着大批亚马逊卖家因为侵权问题而无法售卖，而后我们通过义乌的商家了解到最近这款解压玩具的订货量巨大。

这时候，我们来分析它到底具备什么价值？它为什么能火起来？这就回到我们介绍的选品法中了，我们发现对于不同受众，它有着不同的价值。首先作为手机壳形状的灭鼠先锋，它是具有视觉价值（好看）和实用价值（防摔）的；作为儿童玩具和解压商品，它也是具有实用价值的。一款商品同时踩中了两个选品方法的价值，我们认为这或许是一款好的带货商品。

接着就进入测品阶段，我们买回来该玩具并拍摄了一些视频，同时注册了少量的 TikTok 账号对它进行测试，果不其然，它一炮而红。当时我们还带领了很多社群小伙伴一起做，大家出单情况都不错。

这款商品有什么优点呢？视频拍摄难度低，可以很轻松地将其卖点展示给观众。同时该商品的后续迭代能力比较强，可以迭代出很多形状和功能的其他款式商品。当然，其劣势就是 SKU 太多，会给采购和发货造成较大压力。

7.3.2 指甲刀套装

第二个案例是指甲刀套装，如图 7.3.2 所示。这款商品利用的是什么选品法呢？思考 3 秒，3、2、1，揭晓答案——这款商品用的是利基选品法。

7.2 节介绍过，利基选品法的优势是卖家可以长期享受红利，这一点已在这款商品身上得到了验证。2021 年 10 月，我们开始推广它，通过原创脚本拍摄真实的应用场景，并精细化运营账号。截至 2022 年 6 月，相关视频仍在陆陆续续出单，这就是利基型商品的力量。

在 TikTok 上，很多视频素材都是简单粗暴地修剪，大家可能看过，不少视频内容稍微有点恶趣味。那么这款商品为什么用的是利基选品法呢？它踩中了什么市场红利呢？经过我们分析，该商品一共有两个受众群体。

图 7.3.2

一个是强迫症群体，一个是甲沟炎患者群体。有时候，我们的视频播放量非常高，有上百万次播放量，但是不出单，就是因为视频被分发给了强迫症群体，他们看修脚视频会觉得很爽，而真正对我们有价值的是另一部分群体——甲沟炎患者。

通过这个案例就延伸出一个值得深思的点，我们在剪辑视频的时候，应该学会根据受众去设计视频内容和视频结构。之前社群学员为这款商品制作视频的时候，一位学员知道我曾经跟他们讲过视频要多展示场景，可以用混剪的手法将多个场景串联在一起，于是他就将 5 个修脚视频串联在一起。这时候他觉得视频时间太长，应该短一点，于是就把整个视频播放速度调整为 5 倍速。视频做出来之后，播放量很低，效果不好，他跑来问我："老师，你帮我看看这个账号怎么回事？"

好，我们来思考，商品一共有两个受众群体，他们希望看到的视频分别是什么样的？强迫症群体当然是喜欢看一点一点将脚指甲修好的画面，这样他们才会觉得爽，如果视频节奏太快，他们根本感受不到那份快乐。而甲沟炎患者呢？同样喜欢速度慢一点的视频，因为他们更希望看到一些细节，看到这个工具到底是怎么样解决甲沟炎问题的。所以视频调到了 5 倍速，确实场景多了，但根本不符合受众的喜好，这样的视频是没什么意义的。

7.4　两大选品渠道解析

TikTok 电商有两重属性，一个是短视频电商属性，一个是跨境电商属性，所以我们在选品渠道上也要综合考虑这两种属性。下面主要介绍两大类选品渠道，分别是跨境电商平台渠道与社交平台渠道。

7.4.1　跨境电商平台渠道

比较主流的跨境电商平台有亚马逊、eBay、速卖通、Wish、Shopee 等，我们这里以最具代表性的亚马逊为例。亚马逊官网上有一个这样的页面，如图 7.4.1 所示，页面上有"Best Sellers"（最畅销）、"New Releases"（新发布）、"Movers & Shakers"（趋势波动）、"Most Wished For"（愿望清单）和"Gift Ideas"（礼品清单）五种榜单。

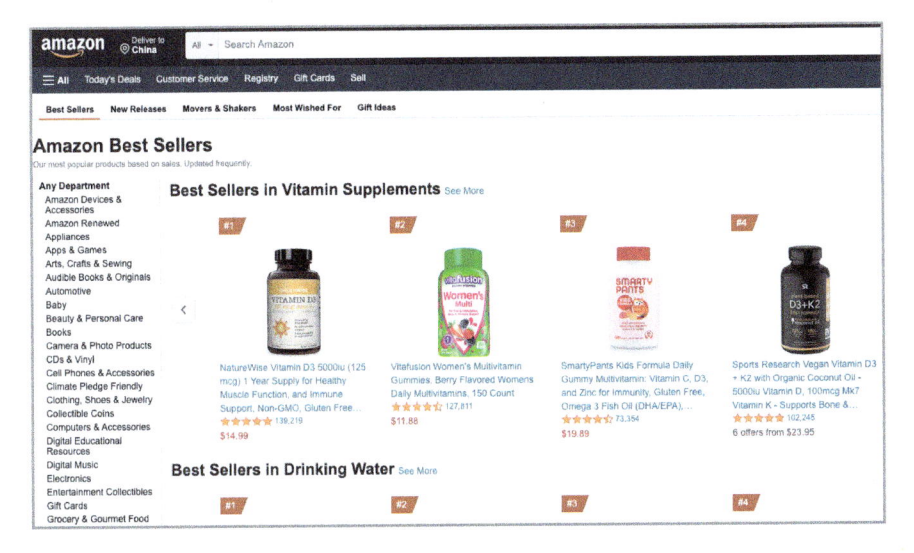

图 7.4.1

在上述五种榜单中，每一种榜单对选品都有很大的参考价值。但需要注意的是，我们在这些榜单中选中了商品之后，一定要思考能否与 TikTok 上的视频属性相结合。

首先看"Best Sellers"榜单，对于这个榜单，给大家的建议是看"中部"（排名在 50% 左右）和"底部"（排名在最后 30% 左右）的类目和商品，这是因为头部商品往往已经卖爆了，其上升潜力已经很小了，而"中部"和"底部"的则更具潜力，有较大的上升空间。

在"New Releases"榜单上，我们可以发现，长期霸占榜首的都是 Video Games（电子游戏）类目的商品，这一类目的商品我们无法直接售卖，但可以考虑售卖其周边，例如《马里奥高尔夫》这个游戏出来后（见图 7.4.2），可以尝试卖 Switch 保护壳等。

图 7.4.2

在"Movers & Shakers"榜单上,其借鉴意义是很大的。因为这里显示的是 24 小时的商品趋势波动,可以让我们很好地判断即将成为热点的商品是什么。

在"Most Wished For"榜单上选品时,我们需要做的是分析消费者心理。既然顾客已经把商品加入了愿望清单,说明他们很喜欢很想要,但是连问自己三遍一个问题:

他为什么还不买?

他为什么还不买?

他为什么还不买?

然后思考:他们会不会是在等降价?如果是在等降价,我们可不可以在 TikTok 上降低点价格再卖给他们?

如果他们不是等降价,是在等什么呢?有没有可能是等待恰当的购买时间?可能是为某个节日做准备,计划在某个节日到来之前再买？如果是这样的话，我们能不能把这款商品记录下来，等到那个节日前，对这款商品进行一波节日营销呢？

"Gift Ideas"榜单和"Most Wished For"榜单类似，在选品时都需要分析消费者的心理，他们为什么将商品加入了榜单却没有买呢？这一类商品往往都可以直接纳入我们的选品范畴，开始下一步的测品动作。

还是要强调，跨境电商平台毕竟是单纯做跨境电商的平台，里面缺少短视频的基因，同时这里也是人找货的模式，与货找人完全不同。在这里选品，一定要思考两个关键点：一是这款商品能否通过短视频进行很好的展示，二是能否在货找人的模式下激发观众去冲动消费。

7.4.2　社交平台渠道

社交平台渠道主要分两个部分介绍，一是抖音部分，二是Facebook部分。本节选择这两个平台，主要是因为它们与TikTok具有很高的相似性。

TikTok就是海外版的抖音，同时其算法推荐逻辑也是类似的，唯一不同的是抖音针对的是国内电商，而TikTok针对的是跨境电商。Facebook和TikTok的相似之处就在于，同是用户体量庞大的海外社交平台，不同的是Facebook上的广告展示形式和算法推荐逻辑与TikTok差异较大，同时用户群体也有差异。

1. 抖音

首先介绍在抖音上选品的方法。在抖音上选品往往不需要考虑商品能否通过视频展示出来，因为能在抖音上卖的商品基本都是可以通过视觉或听觉将商品特点传达给用户的。抖音平台上最根本的算法推荐逻辑就是用户喜欢什么，平台就给用户推送什么，那么我们其实可以利用抖音的算法来帮我们找品。

新建一个抖音账号，看到好物或跨境商品，就对视频点赞、评论、转发、关注，看到无关视频就长按屏幕，然后点击"不感兴趣"或快速划走。操作一段时间之后，你会发现用这个抖音账号刷出来的视频都是好物类的商品展示，这时候你只需要判断一件事情：从物流、政策、海外群体用户习惯方面考虑，能否把它作为跨境商品出售，如果可以，就马上在 TikTok 上进入测品阶段。

同时，在抖音生态中还有一些比较好用的工具，就是数据分析平台，如飞瓜数据、抖查查等。在这一类平台上选品的时候，尤其要思考商品的物流、政策与受众群体几大因素。因为当你打开飞瓜数据看月度榜单的时候会发现，排名前十的一大半商品都是食品。很显然，跨境电商售卖食品是比较困难的，那么此时就应该做出更准确的判断。

如图 7.4.3 所示，来看这张新鲜出炉的榜单。排在榜首的是一个"瑜伽环"，即瑜伽健身用品，这时候我们来判断，这件商品能不能去 TikTok 上测试一下呢？我们从物流角度考虑，商品体积不大，重量适中，物流方面没有问题；从用户习惯角度考虑，外国人同样有瑜伽健身的习惯，需求是契合的，也没问题。所以答案是，可以。

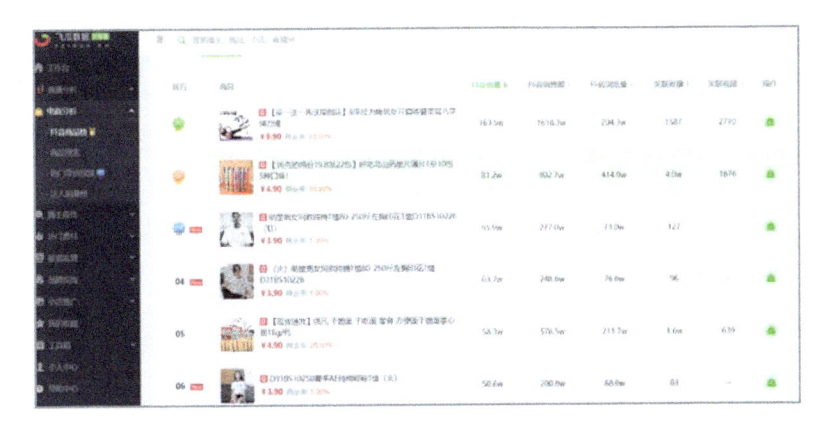

图 7.4.3

我们来看图 7.4.3 中的"榜二"商品，这件商品是"山药脆皮"，是食品，直接跳过。

接着看"榜三""榜四"，都是明星同款 T 恤，那么能不能在 TikTok 上售卖呢？物流方面，无论从重量、体积、政策角度来看，都没问题。但是这时候需要思考，中国人的体型和外国人的体型是否一样呢？衣服的版型是否相同？标题上写的是明星同款，外国人对中国的明星是否感兴趣呢？这几点仔细思考下来，我们一般认为这可能不是最合适的带货商品。

综合来看，抖音选品中的两条路径都可以尝试，一条是直接在抖音上利用抖音的算法推荐机制进行选品，另一条是在数据分析平台上进行选品。

2. Facebook

在 Facebook 平台上选品，我们往往可以利用搜索关键词来快速找品。因为Facebook上的广告文案，一般都会加上一些吸引用户购买的关键词，那么就可以通过这些关键词找到大量广告，再通过广告去选品。

常用的关键词主要有以下一些，大家可以参考借鉴。

> Buy now、30%、40%、50%、60%、order here、claim yours now、free shipping、free worldwide shipping、get it now、get it here、get yours now、get yours、shop here、click here、buy it here、order link、tag a friend、tag a friend who would love this、tag someone who need this、tag someone that would love this

在Facebook上选品需要注意两方面，一是TikTok的用户是否有同样的需求，二是TikTok的视频节奏更快更紧凑，能否在TikTok上很好地展示该商品的卖点。

第 8 章
TikTok 直播电商实操攻略

▶

8.1 开通 TikTok 直播电商权限

8.2 TikTok 直播间场景搭建

8.3 直播团队人员配置及分工

8.4 TikTok 黄金直播时间段

8.5 TikTok 主播与助播话术

8.6 TikTok 直播技巧

在TikTok电商经营过程中，卖家可以通过许多种方式来宣传自己的商品，而直播则是众多方式中最受卖家重视的一种。

相较于短视频的流量特性，直播的流量特性更加稳定，波动幅度较小，波动周期较长。在短视频场景下，可能第一条短视频有10万次播放量，而第二条短视频只有5千次播放量，跌落90%以上。但在直播场景下，今天观众人数有1万，明天大概率也是在1万左右，无论是跌落还是爬升，波动幅度都是相对平缓的。因此在TikTok电商中，通过直播的形式带货具有更强的稳定性，带货效果也更加有迹可循。而直播电商在流量上的稳定性，也为扩大规模、提高产能提供了天然的基础。那么接下来让我们一起了解如何在TikTok中玩转直播电商。

8.1 开通 TikTok 直播电商权限

在 TikTok 平台做直播电商，需要具备两个权限，一是电商权限，二是直播权限。一般可以通过以下几种方法开通。

第一种是将 TikTok 账号绑定在 TikTok Shop 上，所有绑定的账号会自动获得电商权限与直播权限，对账号无粉丝量要求。如果卖家在 TikTok Shop 上有自己的店铺，这种方法则是最简单便捷的。具体操作如图 8.1.1 所示。

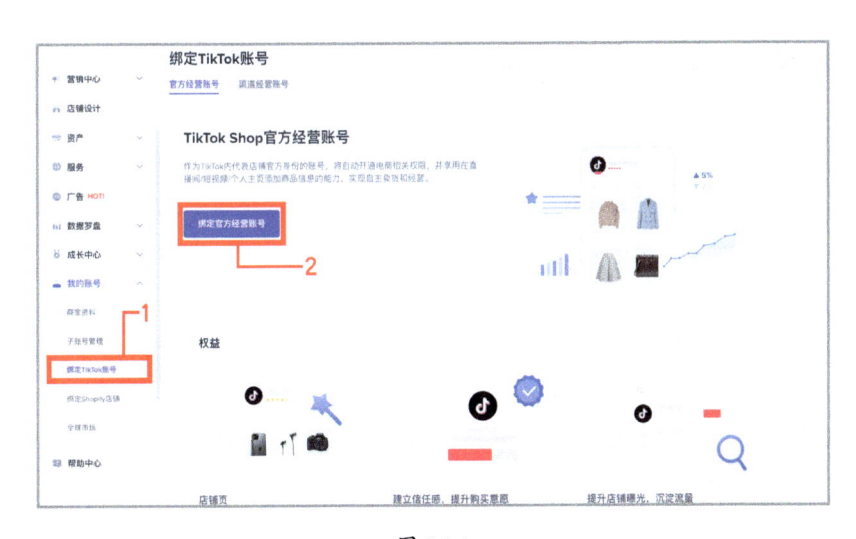

图 8.1.1

但这里需要注意的是，TikTok Shop 上的每一个店铺都划分了所属国家，因此在将 TikTok 账号绑定到 TikTok Shop 上的店铺时，也要注意 TikTok 账号的归属地，只有归属地一致才能顺利绑定。如果遇到了归属地不一致而无法绑定的情况，可以着重检查手机硬件环境与网络环境，重新注册账号尝试绑定。

第二种则是与 MCN 机构合作。当卖家在 TikTok Shop 上没有自己的店铺或 TikTok 账号无法与 TikTok Shop 上的店铺绑定时，可以通过与 MCN 机构合作，开通电商达人权限，即可拥有电商权限与直播权限，这种方式同样无粉丝量要求。

但需要注意的是，在这个模式下，带货佣金是先打到 MCN 机构的账户上，再由 MCN 机构打到卖家账户上。同时，在与 MCN 机构合作过程中，他们往往会收取一定的手续费，因此在达成合作之前，一定要将合作条款与注意事项协商清楚，包括佣金率、结算周期、账号归属权等一系列问题。

第三种方式是将账号粉丝涨到 1000 人，平台则会自动给账号开通直播权限，但是不会自动开通电商权限。如果想要通过视频或直播挂小黄车带货的话，需要拥有国外当地身份证明，还需要银行卡来接收带货佣金，这种方式更适合有较多当地资源的团队。如果团队在当地资源比较少，整体回款链路就会比较长，存在一定的资金风险，这种情况下，建议还是用第一种或第二种方法获取电商权限。

8.2 TikTok 直播间场景搭建

直播间的场景在直播过程中起着非常重要的作用，这决定了观众在刷到直播间并进入直播间的时候，留给观众的第一印象如何，也决定了直播间的调性。读到这里，很多读者会容易进入两个误区。

一个误区是，在直播场景方面，他们认为"既然直播间的场景这么重要，决定了带给观众的第一印象是什么，也决定了直播间调性，那么一定要搞得高大上一点，设备用最好的，灯光用最亮的。"其实直播间的场景并不一定需要一味地追求所谓的"高大上"，而是需要结合商品特点、主播风格来进行搭建。

举个例子，我们现在想售卖一些价格比较低的服装，受众就是喜欢快时尚、低价的人群，但是如果把直播间场景搭建得像奢侈品店一样的话，就会天然地与观众之间产生隔阂，观众找不到他熟悉的"味道"，更找不到预期的感觉。如果把直播间场景直接搭在户外，放在街边，架起衣架，挂起一排衣服，观众进入直播间的第一眼就能感受到：这一定不是一个售卖高价奢侈品的直播间，这种风格非常符合观众心理的预期，只不过平时可能要去夜市、地摊购买，现在可以直接在直播间选。

这就是根据商品特点来对场景进行搭建的思路之一，同时也要尽量避免对直播间进行反向优化（自认为场景不错，实际上还不如之前的）。所以在搭建直播间场景时，我们需要的不是把场景做得有多么好，而是想清楚观众要什么，我们就给他们什么。观众喜欢奢侈品，我们就卖高调性的商品，观众喜欢低价商品，我们就卖性价比较高的商品。

另一个误区是，在直播间设备方面，很多人会认为一定要用高端的摄像机、直播场地和直播设备，实则不然。我们用第一性原理思考这件事情，其实我们只是需要开始直播而已，而直播只是需要打开手机的直播功能，画面不卡、画质可以让观众接受，就可以称作直播了。

因此，大家如果是新手，用最低的门槛搭建一个"比较好"的直播场景就可以了，那么关于初级直播间设备的具体建议如表 8.2.1 所示。

表 8.2.1

设备	数量
直播设备：iPhone 11 版本及以上	1 部
运营手机：iPhone 7 版本及以上	1 部
主灯	1 个
补光灯	2 个
通用落地支架	1 个
万向夹子支架	1 个
直播大屏	1 面
蓝牙音箱	1 个

如果希望直播间画质、场景能再进一步升级，中级的直播间设备参考如表 8.2.2 所示。

表 8.2.2

设备	数量
直播设备：罗技 C1000e 摄像头	1 个
运营手机：iPhone 7 版本以上	1 部
主灯	1 个
补光灯	2 个
领夹麦克风	1 个
通用落地支架	1 个
万向夹子支架	1 个
直播大屏	1 面
蓝牙音箱	1 个
直播推流电脑	1 台

续表

设备	数量
网络专线（带宽 6Mbit/s 以上）	1 条
背景绿幕	1 个

高级直播间的配置上限则会变得更高，主要升级的设备在摄像设备、收音设备、灯光、网络专线等方面。如摄像设备可以升级为专业的相机（如索尼 A7M3），收音设备升级为单向麦克风（多指枪麦），灯光设备升级为 200W 以上的设备，并辅以各种处理光线的工具（如柔光箱、反光板等）。这一类直播间对于多数团队来说实用性不强、性价比不高，具体就不在此赘述。

8.3 直播团队人员配置及分工

在介绍直播团队人员配置之前，需要提到的是，并不是每家公司或团队都要有自己的直播团队，有些公司更适合将直播业务外包给专业的直播服务商，或者与专业团队进行深度合作。例如传统外贸企业，它们对于 B 端业务有着较丰富的经验，但是通过 TikTok 做针对 C 端客户的直播并没有太多的经验，而且二者所需要的能力模型也完全不同。如果想要快速起盘，这样的企业更适合与专业团队合作，而不一定要靠自己去打造一支直播团队。

那么什么样的公司更适合搭建自己的直播团队呢？

（1）有一定海外业务运营经验的团队。例如，曾经在 Facebook、

Instagram 等海外社交媒体上做过相关运营工作，对海外客户与社交媒体有一定的理解和运营经验。

（2）新晋品牌。品牌处于初始成长阶段，期望在新的渠道上快速建立消费者对品牌的认知。

（3）创业团队。没有什么是创业团队不能干的。

在 TikTok 电商直播间的团队人员搭建上，对于大多数入门级团队来说，我们更建议遵循人力最小化原则，等做出一定成绩之后，再扩充团队规模，循序渐进。因此在这个原则下，如果两个岗位的职责可以由一个人完成，那就只需要一个人，而不需要两个人。

接下来，我们来看在直播过程中有哪些职责需要被承担、哪些事情需要做，具体如图 8.3.1 所示。

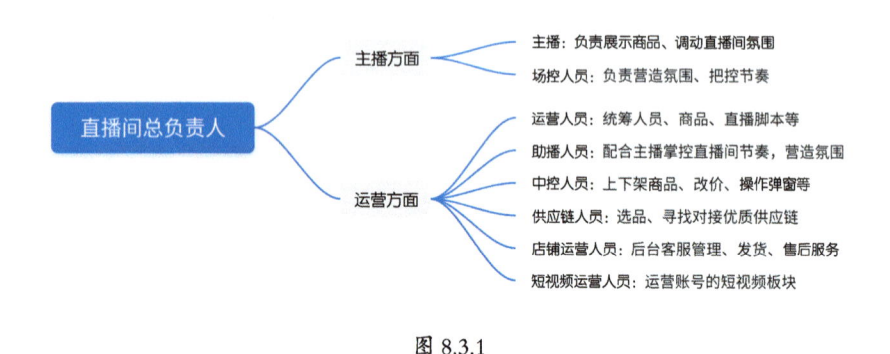

```
直播间总负责人
├── 主播方面
│   ├── 主播：负责展示商品、调动直播间氛围
│   └── 场控人员：负责营造氛围、把控节奏
└── 运营方面
    ├── 运营人员：统筹人员、商品、直播脚本等
    ├── 助播人员：配合主播掌控直播间节奏，营造氛围
    ├── 中控人员：上下架商品、改价、操作弹窗等
    ├── 供应链人员：选品、寻找对接优质供应链
    ├── 店铺运营人员：后台客服管理、发货、售后服务
    └── 短视频运营人员：运营账号的短视频板块
```

图 8.3.1

通过图 8.3.1 中简单的岗位职责分工可以看出，多数直播间在运营的过程中，有 2~8 个人就足够了。但也有极端情况，有的直播间，一个人就可以完成所有工作。

我们在搭建 TikTok 直播间人员体系时，首先需要一位总负责人，他需要对业务的全局有一定的认知和把控，具体包括两个方面：主播和运营。如果这位负责人的英语口语水平很优秀，在直播间初创期，订单量也许并不多，那么主播和运营的职能可以由这个负责人承担，他就可以成为一个团队。

如果总负责人英语口语水平有限，短时间内无法快速提升，或者随着直播间的发展，GMV（Gross Merchandise Volum，商品交易总额）越来越高，订单量越来越多，工作量也随之增加，他可以对工作职责进行细分，招一名主播或者一名运营人员，这样两个人直播团队就组建起来了。主播主要负责在直播时为观众展示商品、讲解商品，并调动直播间氛围；运营人员则主要负责统筹幕后的一切工作。

随着直播间的产出逐步提高，定位更加高端，直播间每个人的工作职责则需要进一步细化，那么此时可以再对主播或运营人员的职责加以拆分，设置新的岗位。

总之，在直播间人力分配上的核心逻辑就是把直播间作为组织架构上的最小单元，所有的主播、运营人员、场控人员、助播等都是这个单元的"手"与"脚"的延伸。

在以上述人力分配原则为前提的情况下，团队的人从哪里来呢？他们需要具备什么样的核心能力呢？

在人才来源方面，主要有两种选择，需要结合团队自身情况来做决定。

（1）从公司内部挑选，并加以培养。

（2）从市场上招募对口人才，组建新的团队。

如果公司本身就有一定的海外运营或兴趣电商经验，则可以从内部挑选人才，试错成本会比较低。如果发现内部团队的能力模型都很难匹配新的业务需求，那么可以从市场上招募。TikTok 发展至今，市场上已经有着非常多的 TikTok 电商行业人才，并不会特别难找。

但在筛选人才的时候，尤其是关键岗位，有几个核心能力是必须具备的。

（1）直播间的总负责人必须拥有较强的学习能力与自驱力，TikTok 电商直播的各个方面都在飞速发展，其玩法、思路、平台政策与规则都会随时变化，如果没有较强的学习能力，很有可能无法跟上 TikTok 快速发展的节奏。

（2）直播间的主播必须拥有较强的英语口语能力，这是主播非常重要的基本技能，同时要有较强的社交、带动氛围的能力。在直播场景中，主播对直播间氛围的影响是非常大的，尤其在多数冷启动阶段的直播间中，观众人数少、互动频次低，如果主播没有办法在少观众、无互动的情况下"自嗨"，观众则会更少，进而进入一个恶性循环。我们时常会讲，主播要具备这样一种能力：当直播间只有两个在线观众的时候，也要把直播间当成 2000 人在线的大场面去看待，状态饱满地向每一位观众展示我们的商品。

除了英语口语能力与社交能力，主播还应该具有非常强的学习能力。因为在直播间运营的过程中，会有各种各样的商品需要在直播间展示、售卖，那么每一款商品背后的知识体系都是庞大的，主播则需要在短时间内让自己充分了解商品，进而在直播间充分展示它们的所有卖点。

（3）直播间的运营人员则需要具有较强的统筹能力，运营人员需要对商品、直播流量特点、直播间参与人员、直播脚本有较强的认知，进而对全局进行统筹规划。

8.4 TikTok 黄金直播时间段

TikTok 黄金直播时间段的选择需要遵循的原则就是，在当地的黄金时间段开播，而多数地区的黄金时间段都是当地时间 16:00~ 次日 01:00。

如我们想要对英国用户做直播，夏令时情况下，当地 16:00~次日 01:00 对应的北京时间为 23:00~ 次日 08:00；若要对东南亚国家的用户做直播，当地与北京时间的时差并不大，因此在北京时间 16:00~ 次日 01:00 即可；若要对美国用户做直播，需要注意美国跨越了很多个时区，我们往往建议在北京时间 0:00~12:00 直播。

8.5 TikTok 主播与助播话术

对于 TikTok 直播，直播过程中主播与助播的话术是非常重要的，主播的语速、逻辑表达、语音语调、口音等都会给直播间氛围带来很大的影响,同时主播话术能在很大程度上拉近他与观众的距离,对于直播间观众的观看、留存、下单,以及是否能持续关注直播起着非常重要的作用。

在此基础上,标准话术既可以使新手主播快速了解直播各环节,以及与观众的沟通技巧,又可以让主播在"标准"基础上根据自身习惯、商品特性等做出个性化的修改,从而更好地实现与观众的互动和业绩的提升。

一场完整的 TikTok 直播一般需要走通"开场/欢迎话术""互动/宣传话术""带货话术""活动话术""逼单话术"和"感谢/结束话术"这样的闭环。

下面我们将从上述的每一个环节出发,向大家展示标准话术在直播间的运用。需要说明的是,以下话术均来自真实直播间的话术摘抄与整理,其中英文部分供参考借鉴,中文部分供大家理解内化。

8.5.1 开场/欢迎话术

开场/欢迎话术的核心就是让观众感受到"被看见和被重视",从而引导观众在直播间观看、停留以及产生后续的互动,以达到提升直播间热度的效果。这一类话术通常以"点名"这种非常直接的形式将观众带入互动中,这种形式简单干脆,直接破冰,让观众有非常强烈的能被看见、被重视的感觉。

当然,也有部分观众在被点名的时候容易产生"社恐"心理,因此我们也要把握互动的程度,当点名后观众没有回应时,也不要反复针对同一个人点名,否则会有较强的侵略性,容易让观众产生本能的抗拒。

开场 / 欢迎话术主要分为 4 个种类,接下来我们来为大家分享一些具体的话术案例。

1. 名称开场类

Hi, my dear new friends, how is your day?

Hi ×××, welcome, how are you?

Hi ×××, where are you from? I love your beautiful name!

Hi ×××, welcome my new friends! Is there any interesting story in your name?

Welcome ×××! I wish I read your name correctly. Anything you like, just tell me and I will show you.

欢迎 ××× 进入直播间,咦?这个名字很有意思 / 很好听 / 不是那么好读 / 我读对了吗?你的名字是有什么故事吗?

2. 话题开场类

Welcome to my livestream, bargain today!

I've personally used this product recently. Anyone who uses it can share comments with us?

I do like this product because it makes me feel...

欢迎进入直播间，我最近经常用它（最好与直播间商品有关联），你平时用过吗？

我真的很喜欢，因为它让我感觉……

3. 内容开场类

Welcome to my livestream. Today I will show you the... don't forget follow me so that you can find me again!

For friends who are interested in my livestream, press the "Follow" to find me easier.

Hi new friends, 60% off today, very good price! Don't miss this chance!

欢迎进入直播间，今天要给大家介绍的是……感兴趣的宝宝们记得点个"关注"。

全场四折起！走过路过不要错过！

4. 互动开场类

Welcome！My new friends!

Oh dear, you look new here, welcome to be my friends!

Hi there, anyone who is new in my livestream? Please press "1" to let me see you OK?

Hi, my old friends! Please press "2" to let me know you are here OK?

> 欢迎进入我们的直播间，所有在直播间的朋友们，如果是第一次刷到我们直播间的新粉，可以在直播间打"1"，如果是老粉，可以在直播间打"2"。
>
> 欢迎进入我们的直播间，告诉我小黄车里的哪顶假发是你感兴趣的，我来展示给你看。

8.5.2 互动/宣传话术

互动/宣传话术的核心是让观众对直播间和商品有一个简单初步了解，以及产生记忆点，从而让观众产生一种确定感，使他们尽可能在直播间停留时间更长，以及尽可能多地输出评论等有效数据。同时也营造出更加热闹的直播间氛围，进而提升观众对商品的购买欲望。

1. 强调直播时间段

强调直播时间段，适用于直播时间规律的直播间，可以增强观众黏性。

> Thank you for staying here with me, my friends!
>
> Our livestream time is from 6pm. to 12 pm. every night.
>
> Please press "Follow" button so that you can find me next time!
>
> For those who have followed me, please come to my livestream very often. I want to see you guys!

> 非常感谢在我直播间停留的所有朋友们，我每天的直播时间是晚上6点到晚上12点，没点"关注"的记得点"关注"，点了"关注"的记得每天准时来看哦！

2. 宣传直播内容

宣传直播内容，目的是用最短的时间让新粉对直播间有一个大概了解。

> Welcome to my livestream friend! I am ×××, and I will bring interesting products to enlighten your life!
> Follow me and let's meet interesting things very often!
> Please follow me and let's make our lives more interesting and relaxing.

> 欢迎来到我的直播间，我的名字是×××，我每天会给大家分享各种各样的家居好物，记得关注我，让我们的生活更加轻松愉悦。

3. 宣传直播间商品特点

宣传直播间商品特点的目的是向观众强调直播间调性。

> Look, this simple but elegant product! Anyone who doesn't like this?
> Do you love this product? It's truly beautiful and adorable right?
> You can see all the products in my livestream, they are elegant and with reasonable prices, right?

> 大家看这件商品是不是非常简约、大气，漂不漂亮，喜不喜欢？我们家的都是高端大气的商品。

4. 发问式互动话术

发问，可以让主播与观众有一个互动的理由。

> Hi friends, are you skillful enough to use what I showed you?
> Can anybody here hear my voice?
> Is my voice volume comfortable for you guys?
> Anyone who has the experience of using this product?

> 刚刚给大家分享的穿搭小技巧大家学会了吗？
> 你们能听到我的声音吗？我的声音会不会太小？
> 这件商品大家以前用过吗？

5. 选择式话术

选择式话术，其作用是给观众一个决定直播间内容的权利。

> Now I will show you the two products. Please press "1" to let me show you the left one, and "2" for the right one.
> Anyone who is interested in the two products? press "1" to see the left one, and "2" for the right one.

> 下面我给大家展示两件商品，想看左边的扣"1"，想看右边的扣"2"。

6. 指令式话术

指令式话术的作用是,由主播控场,引领直播间节奏。

> Hi guys, press "1" to let me know you like this dress in me OK?
> Anyone who wants this free gift? Send me a "want" in the comment OK?
> If you've learnt the skills, please send me a "understood" to let me know.

> 觉得这件衣服主播穿上好看的打"1"。
> 刚才那个小礼品,想要的把"想要"打在公屏上。
> 刚才分享的美妆小技巧,听懂的宝贝们打"懂了"。

7. 教学式话术

> If you don't know how to place an order, I will show you, my baby.
> Press the yellow cart on the bottom left corner and find your product, then press "buy" and make your payment.
> The earlier you pay, the faster your shipment is.

> 很多宝贝不知道怎么下单购买,我来教你们怎么操作(主播同时拿出备用手机,边说边展示),点击左下角的黄色购物袋,找到商品链接,点击"购买",然后在这里直接付款就可以了,先付款先发货!

8. 其他常用话术

本节还整理了其他一些常用的互动话术,供大家在不同场景中灵活使用。

（1）直接询问期望人群。

> Anyone from UK? Let me know please.
> More gifts from UK friends!
> What time in UK now?
> Which state you from?
> Had dinner?
> How you spend your weekends?

> 你们有人来自英国吗？请告诉我。
> 英国的朋友们又送来更多礼物啦！
> 现在英国是几点钟？
> 你来自哪个州？
> 吃晚饭了吗？
> 你周末都怎么过？

（2）回复非重点国家/市场/区域的评论。

> Sorry, shop cart is not available for ID.
> Sorry Sara from Philippine, 3.99 dollars is only for UK now.

> 抱歉，购物车现在不支持印尼用户使用。
> 抱歉，来自菲律宾的Sara，3.99美元的售价只适用于英国的用户。

（3）引导关注的话术。

> Follow me and ship today for you.
> Follow me and more gifts for you.
> Follow me guys, no follow, cannot find me again!
> My boss asked me to get 500 new friends today, could you guys help me to achieve it? please!

> 关注我，今天立即为您发货。
> 关注我，更多礼物送给您。
> 关注我，不关注就再也找不到我啦！
> 老板让我今天找到500个新朋友，你们能帮我实现吗？拜托啦！

（4）引导点赞的话术。

> Give me 50k likes then let's play a game, earphone as the prize!
> I want 100k likes, could you guys help me to get it? Please.
> More likes so that more viewers, help me please.
> More likes so that I can keep offering the best price for you guys.
> Don't forget tapping screen and send me likes!

> 给我5万个赞，我们来玩个游戏，耳机就是奖品！
> 我想要10万个赞，你们能帮我实现吗？拜托啦。
> 点赞越多，观众越多，拜托大家帮忙啦。

> 点赞越多,我就能一直为大家争取最好的价格。
> 不要忘记轻触屏幕并给我点赞哦!

(5)引导分享的话术。

> Share my livestream and more gift for you.
> Share my livestream and ship for you by today!

> 分享我的直播,更多礼物送给你。
> 分享我的直播,今天为你发货!

(6)引导转化的话术。

> Go to my yellow cart to check the first link.
> Yellow cart, left corner, you can see all my products there.
> Only 10 pieces left today guys! Hurry up! The best price only today!

> 去我的黄色购物车查看第一个链接。
> 黄色购物车,左上角,你可以在那里看到我所有的商品。
> 今天只剩下10件了!快点!只有今天有最优惠的价格!

(7)收到礼物时的话术。

> Thank you, thank you for your roses, love you love you.
> Wow Lily gives me gifts! So nice of you Lily!
> Thank you for the gift ×××! So generous and kind of you! I love you guys so much!

> 谢谢，谢谢你的玫瑰花，我爱你们！
> 哇，Lily 送我礼物了！Lily 你太好了！
> 谢谢×××的礼物！你们慷慨又善良！我太爱你们了！

8.5.3 带货话术

电商直播就是主播不断向观众销售商品的过程，带货话术是电商直播话术中的核心，因此话术中要包含充分的引导和转化逻辑，一步一步让观众从进入直播间，到观看直播，再到成交。

1. 商品展示型话术

主播在直播带货时，要能清晰地传达商品的品质和使用感受，能够让观众直观地感受到它们的效果，从而心动下单。比如描绘假发的颜色，可以通过带入场景给观众一个细致的描述。

> Look at this, sisters! It's a 22 inches long ginger colour synthetic hair! Let me show you closer! It's soo real! And it's a body wave one suiatble for all kinds of party! Take it on and you will be the shining star!

> 这是一顶22英寸长的姜黄色假发，它是大波浪的造型，我来给你看细节！它基本上适用于任何一场 party，带上它，你就是今晚的明星！

2. 人设信任型话术

直播带货有两个很大的弊端，一个是观众、粉丝无法接触到商品,只能通过主播的描述来熟悉商品;二是直播画面所能展示的内容只能触达听觉和视觉,如果是一些卖点主要在触觉、嗅觉上的商品,则很难呈现。因此在卖这一类商品时,主播需让观众对主播与商品建立信任感,信任是转化的基石,观众有了信任才有下单的可能。

(1)担保型。

> This is also my personally used product, so that I recommend it to you guys.
>
> I have amazing using experience, and this is why I recommend it to you.

> 这款商品是我的自用款,推荐给大家。
>
> 我自己也买了它。
>
> 只有用过觉得好用的商品,我才会推荐给大家。

(2)人设型。

> Money cannot make me lie, so that I just recommend the best product to you guys, my friends.
>
> I have sniffed dozens of perfumes, and I will only show you the best ones!
>
> I only show you the best, because you are my dearest friends.

> 品牌方给我再多的钱,我也不会推荐不好的商品。
>
> 我的鼻子至少闻过一万种香水,我只会给我直播间的家人们推荐好香水。

3. 专业型话术

专业型话术是指，在推荐商品时，主播从专业角度出发，针对一款商品以及其他同类商品分别来讲解，并指导观众根据自己的情况选择商品，用专业的知识获得观众的信任，进而促使观众下单。

例如，在给 3C 品类带货时，如果主播本身对商品有着非常深刻的理解，那么一定会与观众建立非常强的信任感，从而促使观众下单，如"充电 5 分钟，待机 10 小时"。

> Five minutes of charging enables more than 10 hours battery hours.
> This earphone gives you a surround sound experience.

> 充电 5 分钟，续航超 10 小时。
> 这款耳机能为您提供环绕音效体验。

8.5.4 活动话术

活动话术的目的是清晰传达活动信息，让观众切实感受到活动的优惠力度，同时也增强主播和观众之间的黏性。

1. 直接用价格吸引观众

在直播间，话术可以直接一些，强调"低价""买 X 送 X""我们的直播间比免税店还便宜"，等等。

> It's all bargains in my livestream today!
> Buy 2 get 3!
> Our price is even lower than that in the duty-free shop!

> 今天在我的直播间全部都是大特价商品!
>
> 买二得三!
>
> 我们的价格甚至比免税店还要低!

2. 给观众一个低价的理由

> Why is this such an amazing price? Because I tried a lot to gain it for you!
>
> Our amazing price is because we are having the "group purchasing" opportunity!
>
> You can see the popularity in our livestream room! And this is why we can have the group purchasing price!

> 为什么价格这么优惠呢?因为我尽了很大的努力在为您争取!
>
> 我们的惊人价格是因为我们有"团购"机会!
>
> 您可以在我们的直播间看到它的热度!这就是我们能够提供团购价格的原因!

3. 从客户角度出发

> Lower the price and you save more!
>
> Buy it on my livestream, and I will help you save the money!
>
> I've made it the best price for you. Buy it now or never!

> 挣钱不容易,能省一点是一点。

4. 消除观众顾虑，点对点促单

> For those who like this product but have worries, please leave a comment and I will contact you ASAP.
>
> Send me a message with your worries, and I will help you solve them!
>
> For anyone who wants to know more about this product, please leave a message!

> 喜欢这款商品但是有顾虑的宝贝们，联系客服留下联系方式，下播后我第一时间联系你。

8.5.5 逼单话术

逼单话术是直播间促进成交的非常常见的话术，目的是让正在犹豫的观众不要犹豫，激发他们的消费欲望，立即下单。

1. 保障型话术

> Make your payment and your product will reach you within 1-2 weeks.
>
> Any damage in the shipment process, you will have the free return.
>
> We have the 7-day no question asked return policy!

> 我们的商品拍下后1~2个星期可以到你的手上，如果有破损，随时联系客服为大家处理，免费退货。

2. 主播与助播搭配型（氛围感更强）

主播：Please check how many our stocks are!
助播：We don't have too many stocks, just the last 10!

主播：还剩多少库存？
助播：不多了，最后 10 件。

根据直播间人数来设定库存数量，数量一般设定为在线人数的 5%~10%。

主播：My friends, the last 10! Hurry to buy it now!
助播：The last 3 stocks!
主播：The last 3 stocks my friends! If you want it, click the bottom left yellow cart now to seize the last high-quality stocks!
助播：The last one left!
主播：The last one! Buy it now or never!

主播：家人们，最后 10 件！
助播：最后 3 件！
主播：最后 3 件了，家人们，想要这件，马上点击左下角购物袋抢购，库存不多了。
助播：最后 1 件！
主播：最后 1 件！要下单的宝贝们立即下单。

8.5.6 感谢/结束话术

感谢/结束话术的目的是增强观众与直播间的黏性,通过主播与观众深度交流,形成与直播间的长期、长效互动,很多直播间60%以上的GMV都是"老粉"贡献的。

1. 直播中感谢话术

> Thank you guys, you guys are so supportive! Love you all!
>
> Just because of your support, ××× can offer the best price for you guys always!
>
> Thanks for your orders guys, I will give you a free gift as my appreciation and it will be delivered with your product!

> 感谢×××的订单,感谢你的支持(可以重复几遍)。
>
> 感谢×××送的鲜花,爱你。
>
> ×××今天已经在我们直播间下了5单了,为了感谢你,我赠送你一份礼物,会和你的商品一起发货给你。

2. 下播前感谢话术

> Our livestream will come to an end soon. Thanks for your trust and support tonight. Wish to see you tomorrow!
>
> You are so nice and lovely to ×××, I wanna stay with you guys all the time.
>
> Tomorrow I will bring more amazing products to you, my friends! See you at the same time tomorrow!

> 今天的直播就播到这里，非常感谢大家的信任与陪伴，爱你们，明晚八点我们再见。

8.6 TikTok 直播技巧

前文为大家介绍了如何完整地搭建一个直播间并进行电商带货，接下来为了进一步提升我们的 TikTok 直播间质量，打造直播间记忆点，并将主播塑造得更加立体，我们可以在直播中加入一些实用小技巧来与观众建立更深的联系，合理地把控直播间的节奏。

当然，在优化直播间的同时，也需要规避一些新手常见的问题。接下来将会从直播实用小技巧、直播需规避的问题和直播间节奏的把控三方面向大家分享。

8.6.1 直播实用小技巧

主播在直播过程中，为了达到提高互动率、拉升 GMV、获取更多利润的目的，有许多可以使用的小技巧。同时，在直播技巧方面，每一位主播都会有自己的特点，也会衍生出多种多样的技巧，而使用这些小技巧的主要目的，就是要打造主播各种各样的人设，让主播人设更立体、直播间更有温度。这里给大家抛出几个常用小技巧供参考。

（1）可以适当在直播间"不小心"地做出一些显而易见的"错误"。例如，有些直播间会在直播过程中给客户打包，那么在打包的时候，可以不小心地在包裹中多放一个"小礼物"。在这种情况下，时常会有直播间的观众好心提醒主播："放多了。"此时主播可以选择"大方"一点，把多放的送给观众，也可以选择说："抱歉，下次注意。"无论怎么做，这些举动都可以拉近与观众的距离。

（2）主播是直播间的销售员，是离观众最近的人，因此要时刻让观众感知到主播是为他着想，主播始终与他保持在同一战线上。例如，在直播的过程中，可以打造一个小气老板和大方主播的人设。当老板在主播身边的时候，主播正常卖货；当老板不在主播身边的时候，主播趁机给观众多送出一些周边小礼品，这样也可以拉近主播与观众的距离。

（3）在直播过程中，主播可以讲述一些个人生活方面的故事，分享以往的一些个人经历、成长经历，打造一个立体的、有血有肉的主播人设，让观众对主播和对直播间有更深入的了解，进而拉近双方距离。

直播小技巧其实非常多，大家可以在直播过程中多多探索自己的风格和属于自己的技巧。

8.6.2　直播需规避的问题

许多初入 TikTok 的运营人员并不太了解 TikTok 直播间的规则，无意中触碰了红线，触发了违规行为，导致直播间推荐流量骤减，有的直播间甚至被直接封禁，因此在这里为大家分享一些常见的需要规避的问题。

（1）TikTok 的直播电商中，有许多中国的跨境商家，这就必然会有许多主播、运营人员是中国人，大家很容易在直播间用中文进行简单沟通。这里需要注意的是，如果在直播中，主要面向人群是英语国家的观众，那么尽量避免在直播间出现用中文交流的声音，包括幕后人员相互沟通时的低声交流。

（2）坚决不要售卖侵权商品、假货、山寨商品。在 TikTok 平台，侵权商品、假货、山寨商品是平台坚决打击并且是零容忍的对象，我曾经在许多直播间看到过仿牌的 LV 和 GUCCI 包包、围巾等，这些直播间的生命周期基本都是昙花一现，甚至店铺、直播间也会面临平台的惩罚，因此大家不要铤而走险触碰红线。

（3）有些商家在直播中会引导观众进入自己的独立站或亚马逊店铺完成销售闭环，但是在 TikTok 直播中，没有经过授权的站外引流是不合规的，也会面临一定的惩罚，因此大家需要规避。

（4）主播在直播过程中，不要长时间沉默，不说话。无论从观众的观看体验层面，还是从平台的系统识别层面，都会对直播间造成负面影响。就算直播间同时在线人数为 0 时，也要时刻保持正常的直播节奏，否则就会进入恶性循环——越没观众在线，主播就越不说话，越不说话就越没观众。建议在直播过程中，没有任何声音的沉默时间不超过 3 秒。

8.6.3 直播间节奏的把控

每个直播间都要有一定的节奏感才能让直播有条不紊地进行，本节针对以下两种情景，向大家介绍如何把控直播间节奏。

（1）在线人数较少时（同时在线20人以下）。当直播间处于冷启动阶段时，多数情况下，在线人数是比较少的，那么此时互动也会比较少。因此在这种情况下，把握节奏的核心思想就是**刺激观众互动，顺应观众节奏**。

因为同时在线人数少于20人的直播间，并不是直播间不进人，而是留不住人，所以在人少的时候应该让观众更有参与感，主播与观众积极互动，让他们愿意留下来。比较常用的方式便是让观众以"点菜单"的形式在评论区说出感兴趣的商品，主播有针对性地进行商品展示。

（2）在线人数较多时，把控节奏的核心思想就是**让观众跟着主播的节奏走**，主播不要被观众打乱节奏。当观众人数较多时，评论区的留言也会很多，此时如果主播没有把控好自己的节奏，则会手忙脚乱，被观众的节奏带偏，导致直播的商品展示、销售等链条被打乱。

因此，对于在线人数较多的直播间，则不再适用"点菜单"的形式，而应该提前将商品的介绍顺序与营销活动安排清楚，在关键节点上，运营人员、助播及时与主播进行配合，从而掌控直播间节奏。

第 9 章
TikTok 直播进阶运营策略

▶

9.1　TikTok 直播算法推荐逻辑

9.2　TikTok 直播间冷启动的四个要诀

9.3　TikTok 直播间场控与运营人员

9.4　TikTok 直播间如何优化数据指标

9.5　TikTok 直播复盘流程与方法

前面章节为大家分享了 TikTok 电商直播的基础运营实操方法，相信大家已经基本掌握了从 0 到 1 搭建 TikTok 直播间的方法与技巧，能够攻克直播过程中的关键节点，初步跑通完整直播的闭环。但对于一个专业的直播间，这是远远不够的，接下来将从 TikTok 直播算法推荐逻辑、冷启动方法、场控与运营、数据分析与复盘等方面，为大家讲解 TikTok 直播的进阶运营策略。

9.1　TikTok 直播算法推荐逻辑

TikTok 平台拥有巨大的流量，而我们做直播电商的目的便是获取充足的流量，因此我们必须对 TikTok 直播的算法推荐逻辑有一定的了解。

9.1.1　直播间流量与短视频流量的关系

关于直播间流量与该账号短视频流量的关系，许多读者会有一个误区，认为"对于一个账号，在做直播之前，应该先发短视频积累一定的粉丝量，提高账号推荐权重，在有了较高的账号推荐权重之后再开直播会获得更多的流量。"这其实是非常常见的误区。

直播间的流量推荐与短视频的流量推荐，两者之间没有直接的必然联系，并不会因为短视频播放量高，平台给直播间的流量就会比较高。直播间"零粉丝"开播是完全没有问题的，而且同样有机会获得较大的流量，并不会受账号粉丝量与短视频播放量的影响。具体实测表现在以下几方面。

（1）短视频流量爆发，如果短视频流量在爆发时，直播间正在开播，此时只可以将观看短视频的观众导入直播间，并不会促使直播间获得额外的流量推荐。

（2）账号粉丝数量、账号推荐权重等指标，与直播间推荐权重没有直接关联，80 万个粉丝的账号与 1000 个粉丝的账号同时开播，流量情况相差无几。

（3）"零粉丝"新号开播同样可以带来非常好的直播数据，甚至可以在首播直接突破冷启动阶段。

9.1.2 直播流量推荐机制

基于多级流量分发原则（内容处于不同级别，会获得不同数量级的流量推荐），再结合大量的实操结果，我们发现 TikTok 直播流量推荐机制有如下几个特点。

1. 直播当日推荐的初始流量有限

很多刚开始做直播的小伙伴会发现，每天直播的时候只有前半小时有一小波流量，后续无论是播 2 小时还是 4 小时，流量都非常小。这是因为当日平台给的第一波流量已经推荐完毕，但是这场直播并没有带来非常好的数据表现，因此今天这个账号的直播间流量就会非常小了。

这与短视频的流量推荐机制有些类似，但不同的是短视频更多的是以单条视频为单位，每一条视频都会有平台给予的基础流量，而直播是以每一天为单位，每天平台给予的基础流量则是有限的。

2. 直播流量推荐具有阶梯性和分段性

关于"直播流量推荐具有阶梯性"比较好理解，这与短视频的阶梯流量池类似。如果 TikTok 上某个直播间的表现在基础流量池阶段表现较好，直播间则会被推入下一级流量池，在单位时间内有更多的流量进入直播间。如果互动数据与交易数据持续向好，平台推荐的流量口径也会随之增加（可以理解为换了根粗水管），单位时间内进入直播间的观众数量也会更多。

TikTok 直播流量推荐的分段性则是短视频不具备的。短视频一旦发出去，视频内容是不会变的，而直播的内容是在不断变化的，10 分钟前和 10 分钟后的内容质量也会有一定的波动，因此直播相关人员会根据某一段时间内的数据表现来决定接下来一段时间的直播内容。因此，直播流量推荐具备分段性的特点。

3. 流量推荐与数据表现挂钩

TikTok 直播间的流量推荐与数据表现有直接关系，影响较大的关键数据指标主要分为两类：互动指标与交易指标。其中，互动指标包含点赞率、评论率、转发率、关注率、打赏金额和停留时长等，交易指标包含商品点击率、订单转化率、UV（Unique Visitor，独立访客数）等。

每个指标均有不同的权重，在互动指标中，打赏金额和停留时长权重较高；在交易指标中，商品点击率与订单转化率权重较高。当然，随着 TikTok 推荐算法的不断迭代与进化，各项指标的影响也会不断被调整和细化。

互动指标和交易指标这两个关键指标还直接影响直播间的其他两个关键标签，分别为"看播用户画像"标签与"支付用户画像"标签，这两个标签是 TikTok 平台给账号打的标签，我们作为运营者是无法直接看到的。

这两个关键标签会进一步影响互动指标和交易指标这两个关键指标，两组数据形成了一个内循环。如果内容质量较高、目标群体定位较准，则形成正向循环；如果内容质量出现偏差，则会形成负向循环。

因此，我们在运营 TikTok 直播间的过程中，需要时刻注意通过内容调整直播间的互动数据与交易数据，再通过互动数据与交易数据调整"看播用户画像"标签与"支付用户画像"标签。

4. 如何调整直播间的用户标签

用户标签分为"看播用户画像"标签与"支付用户画像"标签，如图 9.1.1 所示，图中展示的是"看播用户画像"标签，包含了性别、粉丝结构、年龄、国家和地区；图 9.1.2 展示的则是"支付用户画像"标签，包含了性别、粉丝结构、年龄。

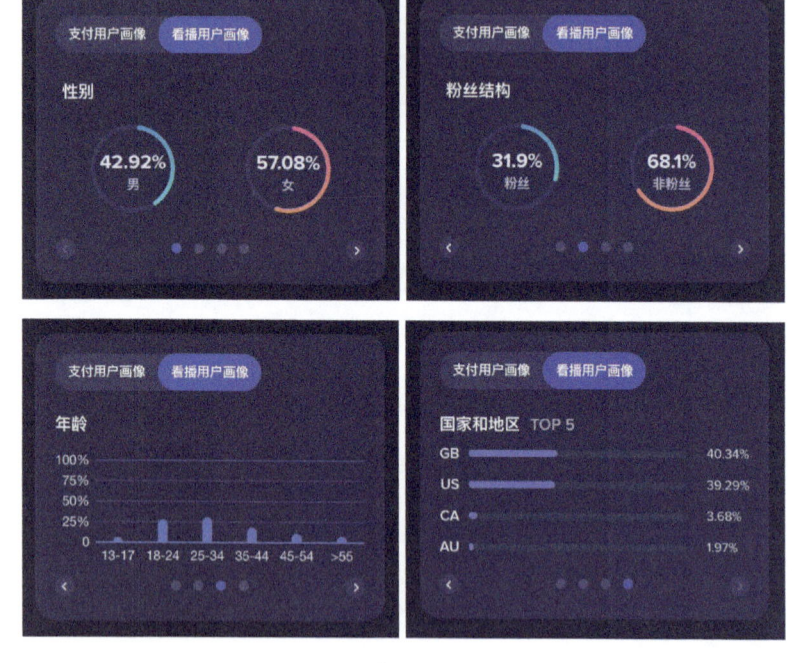

图 9.1.1

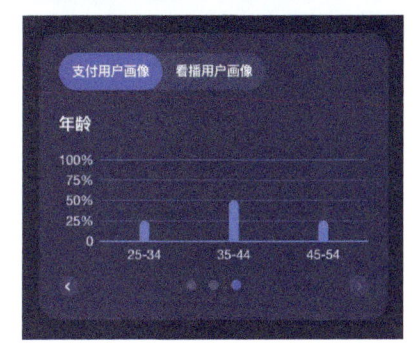

图 9.1.2

在调整这两个标签时，需遵循以下两个原则。

（1）"看播用户画像"标签与"支付用户画像"标签应该无限接近。

（2）"支付用户画像"标签可根据人群画像进行调整，以"支付用户标签"为基准，"看播用户画像"标签根据"支付用户画像"标签进行调整。

通过互动数据调整"看播用户画像"标签。互动数据，即点赞率、评论率、转发率、关注率、打赏金额和停留时长等，这些数据受直播间内容、主播和氛围的影响较大。举例说明，我们希望更多观看直播的观众来自英国，那么在直播的时候可以多与英国观众进行互动，可以"不小心"地忽略一些非英国国家的观众，那么英国观众的观看体验较好，直播间停留时间就会较长。而非英国观众的观看体验可能会不好，直播间停留时间较短。所以，系统会判定该直播间更加受英国观众的喜爱，流量则会更多地向英国观众推送。

通过交易数据调整"支付用户画像"标签。"支付用户画像"标签主要靠交易数据进行调节，如商品点击率、订单转化率、UV 等，这些数据受直播间商品、营销策略的影响较大。

举例说明。

（1）**增加商品点击率**。如果我们期望增加商品点击率，从而拉升商品曝光度，进而拉升 GMV，那么我们可以在主播口播话术中加入更多引导观众点击小黄车的话术，比如说："宝宝们可以通过点击左下方黄色购物袋查看我们第 XX 号链接。"还可以安排主播时常去演示下单流程，以及安排运营人员更加频繁地在直播间弹出商品卡片。

（2）**增加订单转化率**。如果我们期望增加订单转化率，从而提高成交密度，那么我们可以做一些低价、满减、买一送一等促销活动。

（3）**提升 UV**。如果想要提升 UV，最大化挖掘客户价值，可以将商品捆绑销售或做"满 XX 包邮"等营销活动。

9.2　TikTok 直播间冷启动的四个要诀

TikTok 直播间冷启动并没有很多人想象得那么困难，提炼出来一共四个要诀，分别是：商品认知度高、商品性价比高、直播"勤奋度"（开播频率与开播时长）高和销售话术强。

9.2.1 商品认知度高

所谓高认知度的商品，就是自带 IP 属性、自带流量的商品，例如化妆品类目中的 Dior、Estee Lauder 等品牌，玩具、文具类目中的漫威、三丽鸥等品牌。因此这一要诀中的核心思想，便是靠高认知度商品自带的流量拉升直播间初始流量。

新直播间在冷启动阶段，往往是没有流量的，这时我们需要找到精准的流量加持。

在人货场三个方面，"人"的方面如果想要获取流量加持，更适合主播本身就是"大网红"或者有明星出场的直播间，因为"大网红"或明星一定是自带流量的，但这是比较难的，不太适合大多数新手。

"场"的方面，如果想要获取流量加持，需要有"蹭"某热点事件的场景，而这一类场景可遇不可求，因此操作难度较大，同样不建议新手操作。因此，我们需要把目光放在"货"上，拥有高认知度的商品自然就会自带流量。

但这里需要注意的是，一定要合理合法的售卖这一类商品，前面章节说过，TikTok 电商对侵权、山寨问题管控非常严格，大部分 IP 商品需要授权，大家可以尝试联系一些在国内已经得到品牌授权的经销商进行合作。

9.2.2 商品性价比高

这一要诀主要指的是冷启动期间的定价策略，其核心思想是，超高性价比拉升订单转化率，提升成交密度。成交密度可以从两个维度理解，一个是单位时间内订单成交量（1分钟成交多少单），一个是单位时间内成交金额（1分钟成交多少金额）。

图 9.2.1 展示的是一个爆款直播间的成交金额实时走势图。可以发现，在持续直播的近 4 小时里，越来越高的成交密度会让直播间推荐权重提升，从而达到爆款直播间的效果。

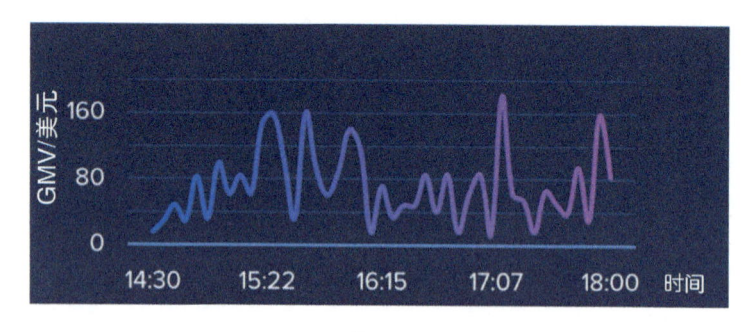

图 9.2.1

对于我们来说，更容易把控的是单位时间内的订单成交量。因此，在初期的直播间冷启动阶段，组货时可以多加入一些价格较低的高性价比商品，或者以新店酬宾的理由将售价降低。例如卖美妆类的商品，一个口红套装正常售价可能是 20 美元，我们在不亏本的情况下，可以降低到 15 美元或 10 美元出售，这样便可以极大地激发观众购买意愿，从而完成成交，让直播间产生更多的交易数据，拉升成交密度，进而提升直播间推荐权重。

9.2.3　直播"勤奋度"高

提升直播"勤奋度"，在直播间运营的过程中是一种非常有效的运营策略，这一策略不仅在直播间冷启动期间很重要，同时也是可以贯穿整个直播间发展的长期运营策略。在冷启动期，其核心思想是，在主播状态与数据指标良好（直播间持续进人、持续产生成交订单）的情况下，尽最大可能拉升直播时长。

站在 TikTok 电商平台角度，平台永远都会对优质的内容、优质的直播间有需求，因此作为商家，应该站在平台角度，尽量满足平台需求，从而进入良性发展的轨道。因此，勤播、多播，提升直播"勤奋度"是非常重要的。具体来看，拉升直播时长主要有两个好处。

（1）产生更可观的观看数据与交易数据，让直播间的数据模型更加精准。

（2）获得更高的直播间推荐权重。

但是，这里非常需要注意的是，拉升直播时长有一个先决条件——主播状态与数据指标良好。只有在这种情况下，才能去拉升直播时长，否则会适得其反。例如直播间网络特别卡顿，导致直播间数据非常差（如直播间持续半小时不进人，直播间留不住人，直播间长时间无成交、无评论互动）。如果这时候硬拉时长，会直接导致被平台打上低质量直播间的标签。

因此，作为直播间运营人员，也要时刻关注主播状态与数据指标，在开播 1 小时之后，如果主播状态与数据指标较差，并且这个状态持续了半小时以上，可以果断下播。在冷启动期，建议每周直播不少于 5 天；在数据较差的情况下，每天至少直播 2 小时；在数据正常的情况下，每天至少直播 4 小时。

9.2.4 销售话术强

电商直播间的最终目标是实现成交转化，而成交转化离不开主播的销售话术。因此，这一要诀的核心思想是，在话术层面通过逼单达成以下两个目的。

（1）提升订单转化率，提高成交密度。

（2）提升互动数据与交易数据指标，促进流量推送。

新直播间往往会出现一种非常常见的情况，直播间在线人数始终在 10 人以下。这是因为对于没有迈过冷启动阶段的直播间，平台不会把太多的流量推送进来。此时我们需要做的是，让直播间尽快"跑"出交易数据，因此需要让为数不多进入直播间的观众购买商品，完成整个购物环节。那么此时我们需要通过优质的话术、点对点持续高强度沟通，最终完成成交。关于直播话术，可以参考 8.5 节。

在直播间的冷启动期，一个基础认知便是，在直播间人数不多的时候，需要想尽办法让这些观众下单，实现交易转化，进而让直播间获得更多的流量。

9.3 TikTok 直播间场控与运营人员

在 TikTok 直播过程中，无论是主播还是运营人员，都需要对直播间的节奏和氛围有较强的把控能力，同时也要让直播间在充分运营下完成目标。因此，这一节主要为大家介绍直播间场控人员与运营人员在直播过程中各自承担的职责，以及一些落地方法。

9.3.1 TikTok 直播间场控人员

场控人员的核心目的是营造良好的氛围并拉升直播间的活跃度。具体的落脚点有以下 3 个。

（1）加强观众黏性，拉近观众与主播的距离。当直播间的氛围比较火热、观众活跃度比较高时，观众会很容易识别直播间的人设和店设，同时在互动过程中，也更容易拉近与主播的距离。通过不断强化主播与观众的关系，打造高黏性观众群体，进而促进转化和复购。

（2）打造直播间特色，让直播间具有辨识度，拉升观众在直播间的停留时长。在 TikTok 电商直播间同质化比较严重的阶段，我们则更加需要打造直播间的特色，从而让直播间对于观众来说具有较强的辨识度。同时在直播间具有较强的特色后，也会进一步拉升直播间客户的停留时长。

其实观众对直播间内容的"体感"并不是那么敏锐，在打造直播间氛围时，一定要做到有特色，这样观众才会记住我们的直播间。

（3）打造销售场景，营造卖场氛围，利用羊群效应促进成交转化。这一点非常重要，大部分观众都是有从众心理的，我们可以设身处地地思考：某天，我们去逛商场或者下馆子，如果发现里面都没什么人，那我们可能也不太会想进去。假如这家商场或者饭店人声鼎沸，我们也会想要进去看看，了解一下，而如果身边的顾客都在抢购和下单，那我们也可能在这种氛围下被带动一起下单。

这里要注意，场控工作不局限于场控这个岗位，主播也应该配合一起做，就像之前提到的，最小的直播单元可以是两个人（一个主播、一个运营人员），那么在人手有限的情况下，主播也要承担起场控的职能，打造良好的直播间氛围。

作为 TikTok 直播间的场控人员，可以做哪些动作来达到上述目的呢？

（1）引导观众去关注、评论、点赞、转发等，在这些互动过程中，可以使用一些小技巧让观众感受到有额外的附加价值，或引发观众因错失一些商品而带来焦虑情绪，进而让观众活跃起来，和主播进行更多的互动。如何理解附加价值与错失焦虑呢？

- 附加价值。例如，主播在直播过程中说："点了'关注'的粉丝，优先发货。"或者"点了'关注'的粉丝在买这款商品的时候，我可以额外赠送一份礼物。"我们将"互动"这个动作赋予一些额外的附加价值，提升观众与主播互动的动力。

- 错失焦虑。例如，主播在直播过程中说："如果现在不关注我，下一次不一定能看到我的直播间。"或者向粉丝传达:"我们直播间未来会做一些活动,如果不点'关注',很可能下次找不到我们的直播间,也就错过那些活动了。"让观众觉得,这是一个没有成本的互动,只需点击"关注"就可以防止以后错过重要的活动,通过引发观众的"错失焦虑"来刺激互动。

(2)评论区维护。场控人员需重点关注评论区的舆论走向,引导积极正向的评论。具体有以下三件事情可以做。

- 用直播间管理员账号定期发言。直播过程中的每一刻都是有观众进来的,但刚进来的观众可能并不知道直播间在卖什么,也不知道直播间的规则。那么场控人员可以用管理员账号时不时地在公屏上发一句欢迎语,并附上直播间的规则、玩法和福利等。

- 及时对"黑粉"、恶意评论者做禁言处理。直播间有时会出现恶意评论的观众,作为场控人员,要对这些观众及时禁言,以防影响直播间节奏。

- 与观众在评论区积极互动。对于愿意积极互动的观众,我们要非常注意他们的"体感",要让他们有"被看见"的感受。但主播其实很难在整场直播过程中都能实时地与观众互动,时常会在无意中忽略一些评论。如果这时场控人员发现主播忽略了几条比较重要的评论,可以及时补位,与观众互动。

(3)设计直播间游戏。直播间小游戏是很容易制造火爆气氛的工具,但在设计游戏的过程中需要注意以下几个方面。

- 游戏不要设计得过于复杂。我们在做 TikTok 电商的过程中，需要时刻保持一个核心思想，让观众以最小的成本理解我们的内容，一目了然地知道我们在做的事情，这样观众才能更容易地参与到直播间的交互中来。

- 在游戏中嵌入互动环节。火爆的直播间气氛有一个经典标志——观众会主动发出频繁的互动信息。所以我们需要在游戏中嵌入互动环节，从而打造出火爆的直播间。

- 在游戏结果揭晓阶段制造悬念，拉升观众停留时长。在这里，需要把控好直播间的节奏感，当氛围达到顶峰的时候再揭晓游戏结果，让观众在直播间充分停留，参与直播间的交互，可以用倒计时的方法把控观众的等待时间。

- 要始终记住我们做任何场控活动，都是为了给终极目标（成交转化）创造机会，因此在游戏过程中和结束之后要充分引导观众点击商品链接，进行下单。

以上便是 TikTok 电商直播间场控人员需要承担的职责和要学会的部分落地方法，接下来向大家介绍运营人员的主要职责以及需要注意哪些要点。

9.3.2　TikTok 直播间运营人员

直播间的运营人员是非常重要的角色之一，他们需要具备较强的全局观，其核心职责便是统筹规划，并不断优化直播间。具体的落脚点主要有以下几点。

（1）统筹人员分工。如果直播间在初期只有2~3个人，统筹人员分工的压力会相对小一些。但随着直播间的发展，可能会有好几名主播轮播，还会有中控、场控等各个岗位的配合，这时候就需要运营人员做整体统筹了。

（2）统筹商品，包括选品、组货、排品等。直播间的商品是直播间内容构成中非常重要的一部分，因此如何对直播间商品进行定位，货盘由什么样的货品组成，选择什么样的供应链等一系列的重要动作，都需要运营人员进行统筹规划。在直播间组货的时候，尽量做到以下几点。

- 直播间有"硬通货"。主播可以通过这样的"硬通货"吸引观众，拉升人气。每个品类都会有自己的"硬通货"，其特点就是我们的目标观众对其有较强的认知，且它们具有公认的价值。举个极端一点的例子：3C数码类目的iPhone、Switch；美妆类目的国际大牌等。但这一类商品的利润往往都是比较低的，我们也不需要通过这一类商品获取利润，只需要通过它们达到拉升人气的目的就好。

- 要有高性价比商品。直播间通过"硬通货"引来一定的流量之后，需要对这些流量加以承接，但"硬通货"的渠道有限，库存有限，并不一定能完全接住。同时每一名观众都希望买到物美价廉、高性价比的商品，因此我们需要用这些高性价比的商品来承接流量，同时也可以加深观众对直播间有优质好货、商品物美价廉的好印象。

- 还要有利润空间较大的商品，将直播间的盈利能力撑起来。

利润款商品的特点往往是价值感较强,但实际利润空间比较大。例如在 TikTok 电商中红极一时的礼盒套装类商品,由于是套装,一套看起来商品数量特别多,价值感较强,但没那么容易进行比价,这个形式便可以很方便地优化利润空间。

- 还需要有能够帮助直播间定位的商品。在前面几种商品中,有的是福利款,有的是高性价比商品,在价格上做出的让步非常大,如果在这种情况下,货盘里没有用来定位直播间的商品,则会容易让观众觉得这是一个可以薅羊毛的直播间。同时直播间也容易被定义成"便宜货"直播间,未来想要卖高客单价的商品则会很难。因此定位商品就是用来帮助我们提升直播间调性的,要让观众知道,我们家有高端系列,有高客单价的商品。如此一来,在之后的选品、定价过程中才能做到进可攻、退可守。

(3)统筹直播间营销活动与直播脚本。TikTok 电商直播间的运营人员要有系统性和规划性,因此在什么时候让观众对商品进行种草,在什么时候进行预热,在什么时候拉动成交率,用什么样的营销形式与直播脚本完成整体规划,都需要运营人员加以统筹。

我们往往会将直播间发展大致分为三个阶段,分别是初期冷启动阶段、中期增长阶段和后期稳定阶段。

- 在初期冷启动阶段,我们往往围绕本章 9.2 节所介绍的冷启动的四个要诀展开运营。

- 到了中期增长阶段,其核心目的是累积成交数据,拉高成交量级,进而优化成交用户的标签,让系统的流量推送更加精准。因此在这个阶段,我们往往选择高性价比的商品,通过薄利多销拉动成交数据。

- 当数据模型跑得相对稳定时,各方面数据的增长也会遇到瓶颈,往往就到达了直播间的后期稳定阶段。如果希望能够进一步提高利润,则需要在组品时对商品的多样性进行优化,引流款、福利款、利润款的组合都要进行深度研究。

- 同时,需要逐步提升客单价,我们之前在前期冷启动阶段和中期增长阶段的商品性价比是比较高的,客单价也是较低的,当直播间场观人数遇到一定瓶颈之后,GMV 和利润很难得到较大提升,此时我们可以通过提高客单价来增加利润率。当然,客单价提高之后很有可能会筛掉一些购买力较弱的观众,但无伤大雅,我们只需要找到利润最大化的平衡点即可。再者就是要尽量提升 UV,提升单个客户的价值,让直播间更加"健康"。

(4)通过数据分析,明确优化方向。直播间的表现永远是动态的,因此运营人员还需要具备一定的数据分析能力,从而通过数据分析不断优化直播间相关数据指标。这里将 TikTok 直播间重要指标及其判定标准为大家进行了梳理,具体如下。

- 观看 – 商品点击率指标判定标准。

观看 – 商品点击率计算公式为:(商品页面累计浏览量 / 直播间观众观看次数)×100%,TikTok 平台将这一指标称为 CTR(Click-

Through-Rate），为便于大家学习及操作，本书将这一指标统一用 CTR 表示。英国市场是第一个开放 TikTok Shop 的跨境市场，因此我们以英国为例。在直播间，来自英国的流量占 80% 以上的情况下，CTR 稳定在 30%~40% 最优，不宜太低也不宜太高，太低则反映出直播间的转化能力较弱，太高则表明其产生了大量的无效点击，同时也比较容易出现拉低商品转化率的情况。

另外，如果来自英国的流量占比较低，但只要 CTR/（英国流量占比）的结果在 30%~40% 即可，例如 CTR 只有 5%，但是来自英国的流量占比只有 15%，那么此时 5%/15%=33.3%，证明 CTR 是可以接受的。

- 点击成交转化率指标判定标准。

点击成交转化率，计算公式为：（一场直播的总订单数/商品页面累计浏览量）×100%。3~10 英镑的低客单价商品，点击成交转化率在 8%~15% 最优；10 英镑以上为高客单价商品，点击成交转化率在 2%~5% 最优。

- 成交密度指标判定标准。

成交密度指平均成交每一单所花的时间，计算公式为：[单场直播总时长（分钟）/成交件数]。

（1）对于以售卖 3~5 美元低客单价商品为主的直播间，小于 1 为爆款直播间，1~2 为优秀直播间，2~3 为普通直播间，3~5 为较弱直播间，5 以上需要重点优化。

（2）对于以售卖 5~20 美元中高客单价商品为主的直播间，小于 1.5 为爆款直播间，1.5~3 为优秀直播间，3~8 为普通直播间，8~15 为较弱直播间，15 以上需要重点优化。

9.3.3　TikTok 电商短视频与直播相结合

我们都知道 TikTok 电商直播的转化率和稳定性相较于短视频是比较高的，而 TikTok 短视频的爆发力是比直播间强很多的。如果我们能够把直播的优势，即稳定性强、高转化率与短视频的爆发力强、覆盖面广结合起来，将会是一个"1+1 大于 2"的组合模式。

在直播与短视频结合的模式中，稳定性强、高转化率的直播应该占主要地位，是成交转化的主战场，而爆发力强、覆盖面广的短视频则占辅助地位，我们可以利用短视频覆盖面广的特点，触达更多的观众，让他们种草我们的商品，并将其引入我们的直播间，再利用直播间强互动、高转化率的特性最终达到让观众下单的目的。

在短视频与直播的结合模式上，根据不同的视频发布时间，往往有三种模式，分别为"直播前视频"（直播之前发布短视频）、"直播中视频"（正在直播的时候发布短视频）和"直播后视频"（下播之后发布短视频）。

"直播前视频"需要注意以下几方面。

（1）发布时间把控在直播前 30~60 分钟。如果发布太早，有可能短视频流量已经"跑"完了，我们还没开始直播，这样就无法用直播间很好地承接短视频的流量。而如果发布太晚，可能当直播开始的时候，短视频流量还没开始推送，则会错失这个时间段的观众。

（2）短视频展示的商品应该是本场直播的主推商品。观众通过短视频进入直播间，一定是对短视频中的商品感兴趣的，因此我们站在观众角度来看，他们进入直播间一定更希望看到短视频中的这款商品。因此短视频中所展示的商品一定要和我们本场直播的主推商品保持一致。

（3）发布短视频时要记得挂上商品链接。这是许多新手运营人员常犯的小错误——在发布短视频的时候忘记挂链接。当短视频发布之后是没有办法挂链接的，因此一定在发布前将链接挂上。同时注意，短视频的链接里一定要展示的是主推商品里客单价较低的商品，以此降低观众的心理门槛。

（4）添加直播预告。如果平台已经开始给短视频推送流量了，但直播尚未开始，观众可以提前在直播预告画面上点击"预约直播"。

（5）短视频需要引导观众点击账号头像进入直播间。当直播开始时，若观众想要通过短视频进入直播间，最短的通道便是直接点击账号头像进入直播间，因此我们在短视频中可以对观众进行引导，让其点击短视频界面上的头像进入我们的直播间。

"直播中视频"需要注意以下几方面。

（1）可以使用直播切片（对于这场直播的前半部分，剪切出一些视频片段）。直播切片的生产成本较低，生产效率高，找到合适的直播片段稍加剪辑就可以使用。可以让观看短视频的观众提前感受直播间的氛围，吸引其进入直播间观看直播。

（2）需要用贴图、文案引导观众点击头像。直播中发布短视频最重要的目的便是吸引观众进入直播间，因此要尽可能地用各种工具来引导观众点击头像进入直播间。

"直播后视频"需要注意以下几方面。

（1）视频中主播可表示对本场直播观众的感谢。直播结束后，老粉丝往往都会刷到主播的视频，主播在视频中对粉丝、观众表达感谢，有助于增强观众黏性，拉近与观众的距离，也可以让新粉丝感受到这是一个有温度的直播间。

（2）视频中主播可预告下一场直播的时间以及主推商品，并挂上商品链接与直播预告，让意犹未尽的粉丝、观众期待下一场直播，这也是对下一场直播进行提前预热。

9.4　TikTok直播间如何优化数据指标

每一个直播间都需要不断优化数据指标才能不断进步，因此本节就来介绍直播间应该如何进行数据优化。优化思路有很多种，例如，从人、货、场的角度切入，或是从直播间内容本质的角度切入，抑或是从数据分析的角度切入。本节我们主要从数据分析的角度来优化直播间数据指标。

9.4.1　观看-商品点击率过低

观看-商品点击率在TikTok Shop后台的直播大屏中可以看到，

如图 9.4.1 所示，这个指标是转化漏斗的上半部分，也是决定转化情况的基础指标，因此观看－商品点击率要保持在合理的范围，否则会导致整体转化数据较差。

观看-商品点击率
0.80%

图 9.4.1

在营销过程中，对观众行动的指引与引导是非常重要的，无论是主播、助播，还是场控人员，都可以对观众行为进行引导。如果观看－商品点击率过低，我们可以通过以下方式进行优化。

（1）主播在直播时加强口播话术引导，让观众点击画面左下角购物袋或点击弹窗卡片了解商品。

（2）有部分观众对下单流程、交易链路不是很熟悉，此时助播可以用运营人员的手机在镜头前展示"点击购物袋至下单"的全过程，由此来引导观众迅速下单。

（3）场控人员可以通过管理员账号在评论区用文案引导观众点击购物袋或弹窗卡片。

9.4.2 观看－商品点击率过高

前文讲了观看－商品点击率过低的弊端与优化方法，那么观看－

商品点击率是不是越高越好呢？如图 9.4.2 所示，答案是否定的，并不是越高越好。若我们的观看 – 商品点击率过高，往往表明我们在营销过程中引导过度，有可能是内容的诱导性太强，也有可能是助播过于刻意引导观众点击购物袋。我们需要注意的是，主播在直播过程中的每一句话都很重要，每一秒都很宝贵，如果该指标已经达标，还依然花费过多时间引导观众点击商品链接，则是对宝贵时间的一种浪费。

观看-商品点击率
80.68%

图 9.4.2

因此，如果该指标过高，可以把话术的重点放在商品介绍、树立人设、促进转化等更有价值的方面。

9.4.3 点击成交转化率过低

点击成交转化率在直播大屏上可以看到，如图 9.4.3 所示，这一指标是考核交易数据的核心，该指标过低会直接导致交易数据变差，进而影响直播间推荐权重，进入恶性循环。

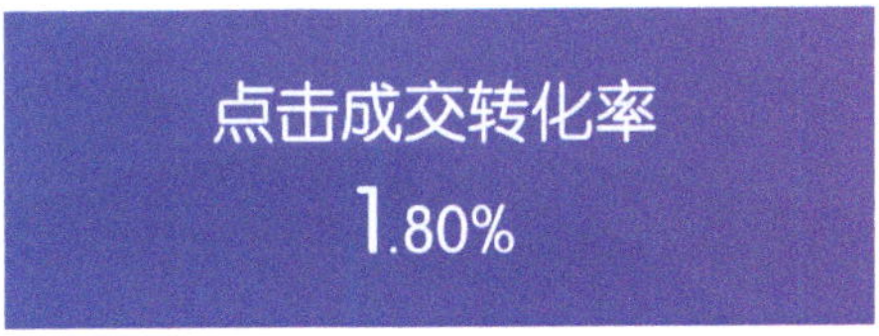

点击成交转化率
1.80%

图 9.4.3

因此，当我们发现直播间转化率过低时，需要进行及时优化。在转化率的优化方法中，分为"见效较快但治标不治本"的方法与"见效较慢但具有长期意义"的方法。其中前者主要有2种方法：

（1）迭代商品，上新款。

（2）做低价营销活动，提高商品性价比。

而"见效较慢但具有长期意义"的方法也有2种：

（1）从主播入手，优化主播话术、加强表现力，培养主播全方位销售能力。

（2）从供应链入手，培养自身的供应链优势。

关于低价营销提高商品性价比的方法在9.2节已经提到过，就不再赘述，这里主要讲上新的目的与方法。

无论从直播间维度，还是从商品品类维度，在初期观众会对直播间或商品有较强的新鲜感，新鲜感一旦过去，观众可能不会再对商品有较强的兴趣，直播间转化率则会受到很大的影响。

再者，每一个品类的受众人群都有一定的规模限制，而不是无限大的池子。若想要在有限的池子中获取更大的收益，便需要将商品进行更迭，将不同的商品卖给同一波消费者，产生高复购。因此我们需要通过不断上新来保持观众对直播间的新鲜感。上新主要有两种方式：

（1）同品类上新款（纵向扩SKU）。这个方向主要适用于同品类下 SKU 较多、比较好拓展的类目，例如毛绒玩具、首饰等。

（2）增加商品其他同属性细分类目（横向扩品类）。这个方向主要适用于某些细分类目在当下有一定的局限性，品类中 SKU 较少，需要对品类进行横向扩展。

举例如下。曾经在 TikTok 直播间爆火的树脂 DIY 小酒瓶，如图 9.4.4 所示，虽然是爆款，但是这款商品的 SKU 数量有限，如果仅在这款商品的细分领域深耕，那么就需要找到更多形状的小酒瓶，其难度是非常大的，因此这样的商品很难在该细分领域进行拓展。

图 9.4.4

此时，就需要对其类目进行横向拓展，寻找同属性的其他类目，不局限在"DIY 小酒瓶"的细分类目中，由树脂 DIY 酒瓶变为树脂

DIY 食物、糖果、动物等，如图 9.4.5 所示。由此一来，新款商品的池子便大了很多，直播间不断迭代新款，便可以维持老顾客对商品的新鲜感与好奇心，进而保证了转化率不会大幅下跌。

图 9.4.5

9.4.4　成交密度过低

成交密度这个指标在直播大屏中是没有的，但它能够非常直观地反映直播间的转化现状。前面讲过，成交密度需要通过单场直播总时长（分钟）除以成交件数计算得出，如图 9.4.6 所示。

图 9.4.6

导致成交密度过低的原因有很多，如流量不精准、主播话术与表达有缺陷、商品不够吸引人等。例如：

（1）目标地区是欧美国家，但是有很多东南亚国家的观众进入直播间，而这些观众无法接受欧美商品的风格，便会导致转化率较低，进而影响成交密度。

（2）目标群体是年轻女性，但是直播间观看人数更多是男性。

因此，当我们发现成交密度过低时，就需要及时通过直播间的人、货、场对流量进行深度优化，如优化主播逼单话术、通过语言与文化展示将非目标国家/地区的群体进行筛选等方法。

还有一点需要注意的是，如果遇到成交密度太低的情况，应该适当断播，往往建议直播时长不要超过4小时，如果是零成交，建议直播时长不要超过2小时。

9.5　TikTok 直播复盘流程与方法

对每一场直播进行充分复盘是非常必要的，首先可以直观衡量直播的整体效果，同时也可以对直播间观众的行为进行分析，最重要的是复盘这个动作可以帮助我们评估整体得失，且针对不足的地方找到改进方法与策略，为下一次直播做指导。

"复盘＋优化"TikTok 直播间，其效果往往很难立竿见影，但非常重要，这是一个需要长期持续优化的过程，也是能产生复利效应的过程。每天进步一点点，慢慢就会成为优秀且专业的直播间。

我们在复盘的过程中，主要以数据结果为导向，根据转化漏斗各个阶段的特性，对以下指标做逐一拆解。

（1）观看人次。

（2）商品曝光次数、观看－商品曝光率（＝商品曝光次数/观看人次）。

（3）商品点击次数、商品曝光－商品点击率（＝商品点击次数/商品曝光次数）。

（4）创建订单数、商品点击－创建订单率（＝创建订单数/商品点击次数）。

（5）支付订单数、创建订单－支付订单率（＝支付订单数/创建订单数）。

9.5.1 复盘观看人次

复盘第一步,分析观看人次,影响观看人次的主要因素有以下几方面。

1. 视频引流

9.3节讲过,在"直播+短视频"的带货模式中,短视频发布时机分为直播前、直播中和直播后三种,"直播前视频"的主要目的是通过短视频为直播间预热,一般在直播开播前30~60分钟发布;"直播中视频"的主要目的是在直播过程中通过短视频为直播间引流;"直播后视频"一般是直播结束后尽快发布短视频,目的是感谢支持本场直播的观众,并预告下一次直播时间,增强与观众的黏性。

复盘时应注意三类短视频是否都起到了应有的作用,短视频中是否挂上了直播间主推商品的链接,短视频内容和文案是否有优化的空间。

2. 主播话术

对于观看人次指标,主播话术的影响并不是最直接的,主要需要留意的是吸睛话术的密集程度,主播尽量频繁输出,缩短整套话术的循环时间,尽量让更多刷到直播画面的观众被吸引,从而进入直播间。

3. 直播间场景

在观看人次指标中,直播间的场景起了决定性的作用。当观众与直播间初次接触时,直播间场景是能在最短时间内传达最多信息的方式,观众会在2~3秒内判断是否对这个直播间感兴趣,进而决定是进入直播间看一会儿还是直接刷走。因此，我们要让直播间场景能够在3秒之内抓住观众眼球，让他进入直播间。

例如，有的直播间卖羽绒服，会把场景放在大雪纷飞的户外，直接将观众带入商品使用场景，通过新颖的场景抓人眼球。再如，品牌直播间往往会将直播间的配色和场景设计得简约大气、赏心悦目，通过高端大气的设计抓人眼球；还有的直播间会把折扣信息打印出来贴在主播的额头上，通过另类的方式吸引眼球。

9.5.2 复盘商品曝光次数[1]与观看 - 商品曝光率

复盘第二步，针对商品曝光次数与观看 - 商品曝光率进行复盘，主要影响因素有以下几方面。

1. 直播间商品

在这一环节，商品的展示形式与商品本身对观众的吸引力起到了很大的作用。如果观看 - 商品曝光率比较低，可以考虑换品或优化展示形式。

例如，直播间卖DIY小配件（往往只有指甲盖大小）的时候，如果摄像头与商品距离太远，导致商品展示得不够清晰，没有突出其卖点，则会让观众对该商品的兴趣大减，从而直接划走。那么此时可以将摄像头与商品距离拉近，从而将商品细节展示得更加清晰、有质感。同时可以带入商品的使用场景（如用于DIY的手工装饰品），

---

[1] 商品曝光次数，指一场直播中，直播间商品的曝光次数，包括对商品列表和商品讲解卡的曝光。

从而极大地增强观众对商品的兴趣,产生进一步了解商品的欲望,达到曝光商品的目的。

2. 主播话术

主播话术对这一环节的影响主要体现在 2 个方面。

(1)主播对商品的描述是否有吸引力。

(2)主播是否有明确的点击购物袋的话术引导,包括使用另一部手机在直播间现场展示下单流程。

例如,主播在直播过程中,在通过话术引导观众点击购物车的时候,可以配合一定的手势(如手指指向屏幕左下角),来引导观众点击屏幕左下方购物车查看商品。具体话术举例:

> Go to my yellow cart to check the first link.
> Yellow cart, left corner, you can see all my products there.

3. 运营操作与场景引导

如果观看 – 商品曝光率指标较差,可以着重考虑运营人员操作是否正确与场景引导是否到位这两个因素。在这一环节,运营人员操作的商品弹屏时机与频率起着非常重要的作用。因此运营人员应该与主播提前沟通,在适当的时机进行频繁的商品弹屏。

在直播间布景上,如果有条件使用 OBS(Open Broadcaster Software,直播录屏软件)贴图(见图 9.5.1),则效果最佳,如果没有,可以做 KT 板放在直播间进行引导。

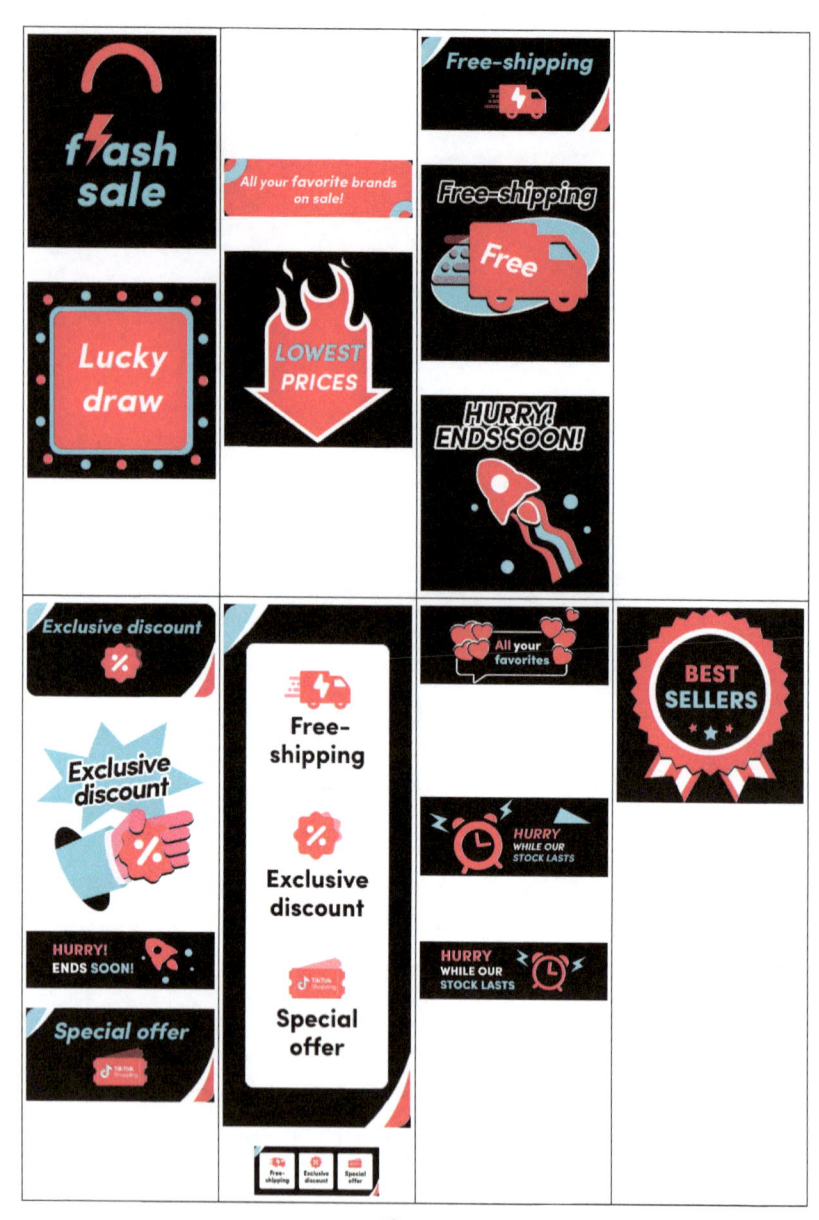

图 9.5.1

9.5.3 复盘商品点击次数[1]与商品曝光 – 点击率

复盘第三步，针对商品点击次数与商品曝光 – 点击率进行复盘，主要影响因素有以下几方面。

1. 主播话术

在这一环节，要求主播对商品有更深的理解，从而对商品有着更深层次的讲解，让观众产生想点击商品链接进一步了解商品的欲望。同时主播也要适当带入引导、逼单的话术。如果商品曝光 – 点击率较低，可以优化主播对商品讲解的话术与引导逼单话术。例如：

> Only 10 pieces left today guys! Hurry up! The best price only today!

2. 直播间商品排序

顾客在 TikTok 直播间购物时，点击小黄车后，对于大多数品牌和型号的手机来说，弹出的第一屏商品列表页面只会显示前 4 件商品，因此最上面的 4 件商品位置中展示什么商品、如何排序非常重要，会给商品曝光 – 点击率带来较大的影响。由于这是观众看到的第一个商品页面，也决定了观众对直播间商品的第一印象，因此建议把主推的、最受欢迎的商品放在前 4 个位置上，并将它们的主图制作得精美一些，标题写得更加吸引人一些。

综合来看，如果商品曝光 – 点击率较低，应该考虑对商品排序

---

[1] 商品点击次数，指一场直播中，对直播间商品的点击次数，包括对商品列表和商品讲解卡的点击。

及商品主图和标题进行优化。

9.5.4 复盘创建订单数[1]与商品点击 - 创建订单率

复盘第四步，针对创建订单数与商品点击 - 创建订单率进行复盘，主要影响因素有以下几方面。

1. 主播、助播话术配合

观众是否点击商品链接与主播的销售话术有很大的关系，主播需要在直播间营造销售火爆的氛围，同时还要跟上逼单话术，逼单话术怎么说，参考 8.5 节中的"逼单话术"部分。助播此时也要配合主播进行逼单，一起营造商品正在热卖与库存紧张等氛围，让观众尽快创建订单，锁住库存。

2. 商品详情页

在这一环节，商品详情页非常重要，因此对操作商品上架的运营人员有着较高的要求，要确保每一个详情页已将商品的卖点通过图片和文字的形式清晰地传达给了观众。如果商品点击 - 创建订单率较低，可以检查商品图片和文字表述是否有优化空间。

3. 直播间商品定价

在这一环节中，直播间商品的定价也是非常关键的因素，如果定价过高，很有可能会让观众产生抵触心理，从而降低观众创建订单的意愿，同时如果定价过低，也会让观众担心商品质量是否有问题，从而影响了观众创建订单的信心。因此如果商品点击 - 创建订单率

---

[1] 创建订单数，指一场直播中，直播间观众创建的订单数。

太低，就要考虑定价是否合理。

9.5.5 复盘支付订单数[1]与创建订单 – 支付订单率

复盘第五步，对支付订单数与创建订单 – 支付订单率进行复盘，主要影响因素有以下几方面。

1. 主播、助播话术

在这一环节，主播与助播的逼单话术仍然会起到非常重要的作用。同时主播可以多做下单步骤的详细引导，以及多对商品卖点与本次直播间活动进行详细讲解。

主播与助播配合话术如下。

> 主播：How many left?
> 助播：Only 30 pieces!
> 主播：Do more today! A lot of new friends today!
> 助播：No, alomot out of stock, only 30 left!
> 主播：OkOk, hurry up my friends! Go to the yellow cart, find the 1st link ! So good price and quality!

2. 客服跟单

许多观众在创建订单之后，可能会犹豫、纠结，导致没有完成支付，这时需要客服人员积极跟进，可以通过营造紧迫感、消除客户疑虑、送小礼品等方式促单。

---

[1] 支付订单数，指一场直播中，直播间用户完成支付的订单数。

附录 A
TikTok Shop 运营技巧

A.1 入驻与基础设置

A.2 上架流程及注意事项

A.3 成本结构与定价策略

A.4 订单管理与售后处理

A.5 回款与提现

A.6 TikTok 风控与申诉

前面章节介绍过，在TikTok平台进行电商活动的方式有很多种："自然流量＋独立站""付费流量＋独立站""TikTok Shop 电商""运营私域电商"，等等，而 TikTok Shop 则是 TikTok 在电商领域非常重要的布局之一，也是实现商业落地非常重要的场景。因此，本章我们来全面了解 TikTok Shop。

A.1　入驻与基础设置

在 TikTok 平台上进行电商业务，首先要入驻 TikTok Shop 成为卖家，并开通 TikTok 账号电商权限。

一般来说，入驻 TikTok Shop 需要准备以下材料。

（1）手机号码（未注册过 TikTok 体系内任何账号）。

（2）注册邮箱（未注册过 TikTok 体系内任何账号）。

（3）TikTok 账号（店铺对应国家）。

（4）营业执照（建议用企业营业执照）。

（5）法人身份证照片。

准备好以上材料后，就可以申请入驻 TikTok Shop 了，操作步骤如下。

（1）打开 TikTok Shop 官方网站（建议用 PC 浏览器打开），依次填写"手机号码""手机验证码""邮箱地址""邮箱验证码""密码""确认密码"，点击"提交"，如图 A.1.1 所示。

（2）接下来，便进入"市场选择"页面。在这里，首先需要选择"市场及售卖国"，目前开放的主要国家是欧洲国家和东南亚国家；然后，选择"普通入驻"，如图 A.1.2 所示。如果有定向邀请验证码，可以选择"邀请码入驻"。

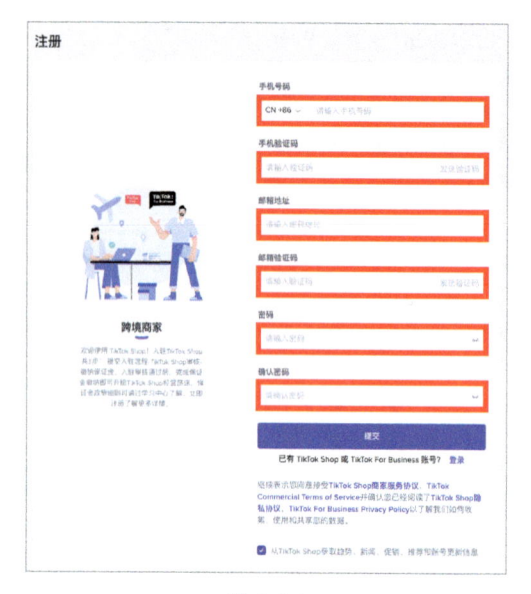

图 A.1.1

图 A.1.2

（3）对"公司主体所在地"的选择。公司主体所在地需要参考营业执照上的信息，营业执照上的所在地是中国大陆就选"中国大陆"，是中华人民共和国香港特别行政区就选"中华人民共和国香港特别行政区"，如图 A.1.3 所示，选择好后点击"提交"。

图 A.1.3

（4）接下来，进入"验证公司信息"页面，上传公司营业执照，其他信息需如实填写，如图 A.1.4 所示。

图 A.1.4

（5）这一步是"验证法人信息"。上传身份证正反面照片，其他信息需如实填写，如图 A.1.5 所示。

图 A.1.5

（6）接下来需要填写"目前主要经营电商平台"，也就是我们经常说的第三方电商经验，如图 A.1.6 所示。这里需要注意的是，如果想入驻欧洲国家店铺，则是选填项，如果期望入驻东南亚国家店铺，则是必填项。无论是跨境电商平台（Shopee、Lazada、Amazon、Ebay、Shopify 等），还是国内电商平台（拼多多、淘宝、天猫、京东、抖音、快手等），都可以作为第三方电商经验上传验证。

（7）完成资质认证后，便可以设置店铺的基础信息了。

如图 A.1.7 所示，首先填写店铺的"账号名称"，需要用英文填写且名字需具有唯一性。接着选择"主营类目"，目前一个店铺仅可选择一个主营类目，该店铺只能发布属于该主营类目的商品，无法发布其他类目的商品。

图 A.1.6

需要注意的是，店铺在入驻 TikTok Shop 之后必须缴纳店铺保证金，如果不缴纳则无法正常运营店铺。我们在选择主营类目时，如图 A.1.7 所示，可以点击页面中紫色加粗的字体"请点击此处查看"，以此来查看不同类目在不同国家需要缴纳的保证金数额。

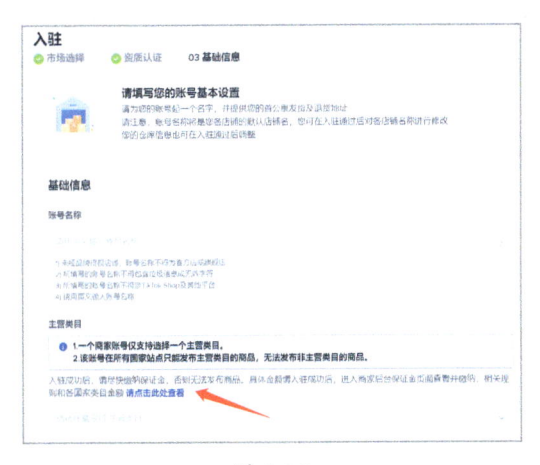

图 A.1.7

（8）完成主营类目选择后，需要填写"发货仓库地址"，如图 A.1.8 所示。结束这一步，便可提交审核。审核通过后会有邮件发送到邮箱中，要记得查收。

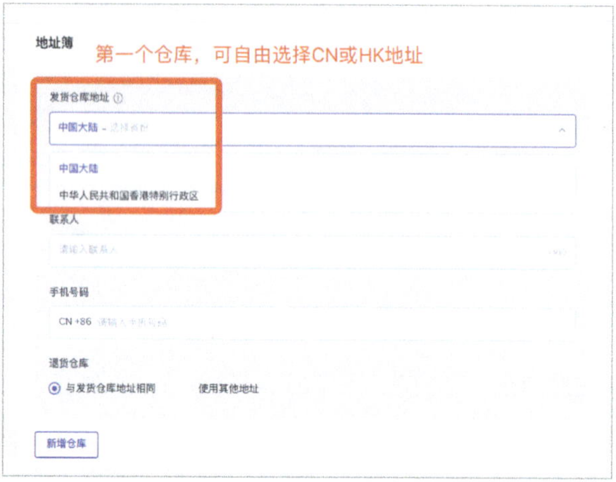

图 A.1.8

（9）当资料审核通过后，便可以登录店铺后台。但此时还不能正常运营店铺，因为还需要完成最后一步——缴纳店铺保证金。

在 PC 端登录商家后台，如图 A.1.9 所示，依次点击"资产"→"保证金"，进入保证金页面。系统会自动为我们开设保证金账户，在保证金页面最上方，点击"充值"，进入充值页面。页面上会显示"应缴额"，同时直接进入充值收银台页面，根据不同的支付渠道，页面上会显示出汇率及手续费等详细信息。

进入结算收银台后，选择付款方式并完成付款。

附录 A　TikTok Shop 运营技巧

A.1.9

当页面提示充值成功后，则代表已完成保证金的缴纳。至此，店铺便可以开始正常运营了。

A.2　上架流程及注意事项

商品上架有两种方式，分别为单件商品上架与批量商品上架。

A.2.1　单件商品上架

单件产品上架需要在后台找到"商品"按钮并点击，然后点击"添加全球商品"，如图 A.2.1 所示。

进入"添加全球商品"页面后，需要填写商品的基础信息，如图 A.2.2 所示，这里要注意的是：

（1）商品名一定要用英文填写。

（2）商品类目一定要选择正确（否则容易通不过审核）。

图 A.2.1

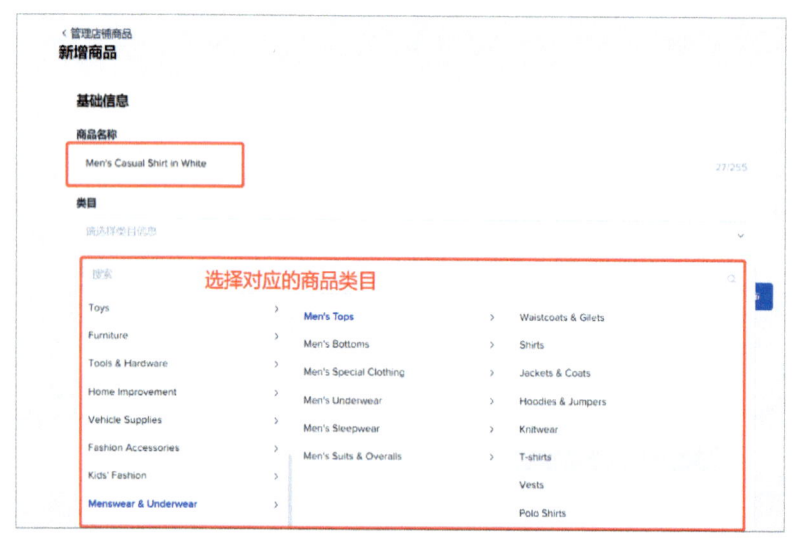

图 A.2.2

在这个页面，还要填写商品的"商品属性"，如图 A.2.3 所示，例如，商品是否有品牌，是否带电、带磁，是否是粉末状的敏感商品等。

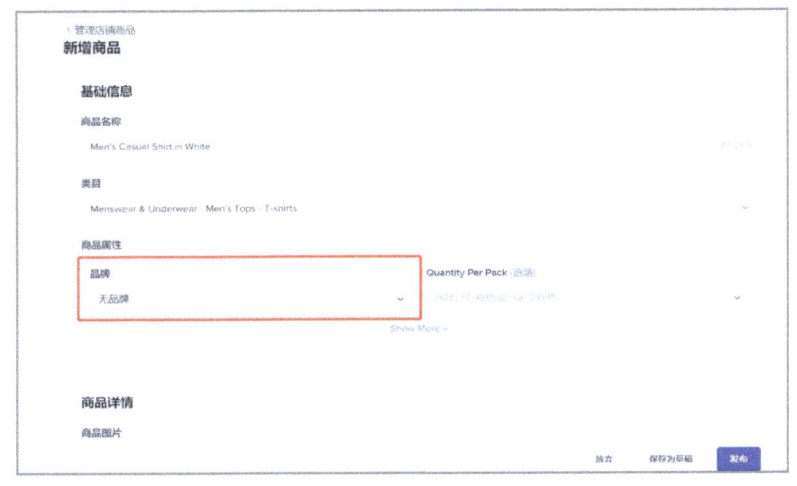

图 A.2.3

如果商品属于"无品牌"，可以直接选择"无品牌"，但如果 TikTok Shop 已经收录了相应品牌，那么可以在 TikTok Shop 后台进行品牌授权的验证。如图 A.2.4 所示，具体操作步骤是：

（1）依次点击"我的账号"→"商家资料"。

（2）点击"品牌"。

（3）点击"创建品牌认证"，进入品牌认证页面进行验证，如图 A.2.5 所示。

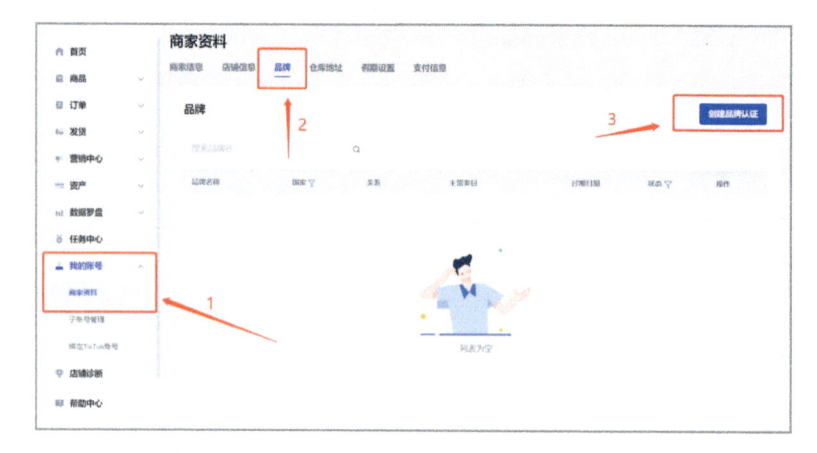

图 A.2.4

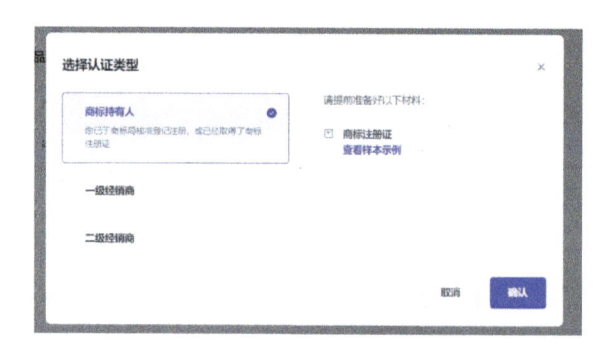

图 A.2.5

接下来，回到图 A.2.2 的页面，填写好商品的基础信息之后，可以进一步编辑"商品详情"，如图 A.2.6 所示。

图 A.2.6

在"商品详情"页面(见图 A.2.6),主要操作包含以下三步。

(1)上传"商品图片"。每件商品的图片最多可上传 9 张,建议选择正方形尺寸的图片,如果图片是矩形的,系统会要求裁剪成正方形,而裁剪后会导致图片画质清晰度下降。因此,建议直接选择正方形图片作为主图。

(2)填写"商品描述"。这里建议将图片设计得尽量美观,支付、物流方面的服务条款尽量完善,因为商品详情物料是影响转化率的关键因素之一。

(3)其他详情信息。不同类目的商品,需要填写不同的信息,例如,服装类商品需要填写尺码。

接下来填写"物流和保修"信息,如图 A.2.7 所示。需要注意的是"商品重量"与"商品尺寸"这两项一定要如实填写,因为数据会直接影响预估物流费用,从而影响商品售价。同时还要注意,这两项要填的是打包好的包裹重量与尺寸，因为物流服务商是根据包裹的重量和尺寸来计费的。

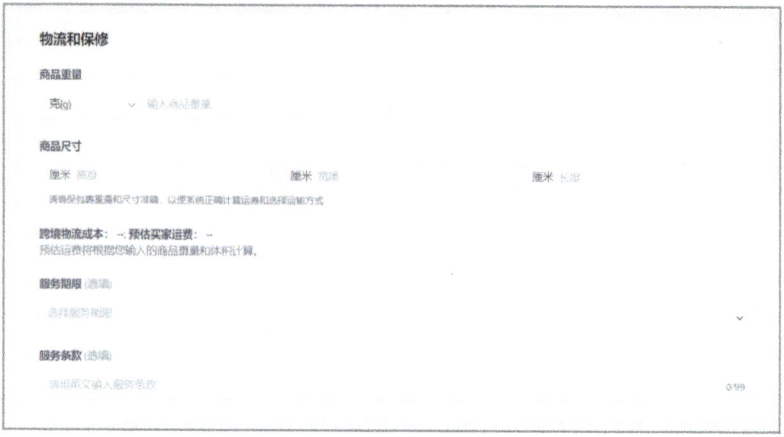

图 A.2.7

关于保修服务的"服务期限"和"服务条款"，如果没有，则可以不填，如果有，则是加分项。

关于商品的"销售信息"，如图 A.2.8 所示。销售属性名称（如颜色、尺码等），可以在下拉菜单中选择，也可以自己填写。

图 A.2.8

"销售属性"填好后，就可以上传各 SKU 的图片并设置每个 SKU 的售价了，如图 A.2.9 所示。最后，点击页面右下角的"发布"按钮，就大功告成。

图 A.2.9

在"管理商品"页面，可以看到刚刚上架的商品，如图 A.2.10 所示。

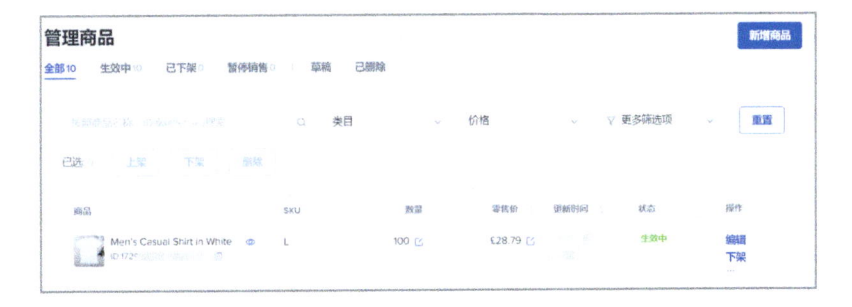

图 A.2.10

A.2.2　批量商品上架

如果需要上架的商品比较多，又或者单件上架商品销量较低，可以将商品批量上架，具体操作如下。

（1）依次点击"商品"→"管理全球商品"→"批量工具"→"批量添加全球商品"，如图 A.2.11 所示。

图 A.2.11

进入"批量添加全球商品"页面后，点击"下载模板"，如图 A.2.12 所示。这里需要注意的是，每个类目商品的属性都是有一定差异的，因此下载模板时需要找到对应类目的模板。下载完模板之后，将商品信息填写进模板，点击"选择一个文件"，上传即可。

图 A.2.12

当批量发布完商品之后,如果需要对商品图片进行批量编辑,在批量工具中找到"批量编辑商品"按钮,并点击。

如图 A.2.13 所示,进入"批量编辑商品"页面后,点击"选择商品",选择需要修改的信息,信息种类可以分为"基础信息""销售信息""商品属性信息"。选择需要修改的信息种类,点击"生成模板"按钮。接下来在下载的模板文件中对信息进行批量修改。

修改完成并保存后,回到"批量编辑商品"页面,点击"上传&发布"按钮,再点击"选择一个文件"按钮,如图 A.2.14 所示,将修改好的模板文件在这里进行上传,即可完成对商品信息的批量编辑。

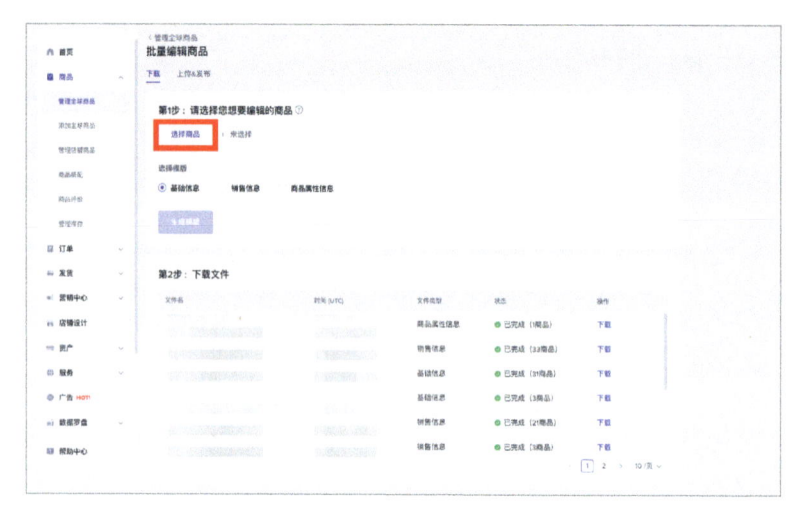

图 A.2.13

图 A.2.14

A.3 成本结构与定价策略

我曾很多次遇到过这样的情况，一些优秀的内容创作者通过创作优质的电商内容，在 TikTok Shop 上销售了很多件商品，促成了很多订单，但是在最终结算的时候，他们发现虽然卖出了很多件商品，但是并没有盈利，反而亏损了很多。其原因就是他们没有把成本结构计算清楚，导致卖一单亏一单。

因此在做生意之前，首先要把成本结构梳理清楚，这样才不会竹篮打水一场空。那么在 TikTok Shop 平台，我们知道会产生哪些成本吗？主要有以下六项。

1. 包裹成本

包裹成本包含商品成本和包材成本（如包装箱、胶带等）。

2. 物流成本

物流成本，包含跨境物流段运费与本土物流段运费。跨境物流段运费指的是从中国仓库发到目标国家仓库的运费，本土物流段运费指的是从目标国家的仓库运送到客户地址的运费。如果商家不提供包邮服务，而仅支付跨境物流段运费，那么本土物流段运费由买家承担；如果商家提供包邮服务，则需要商家承担全部运费。

特别需要说明的是，目前 TikTok Shop 官方对部分地区的商家提供了免费上门揽件服务，如果你的仓库所在地区在官方上门揽收服务区内，则可以享受免费上门揽收服务，但如果你的仓库没有被划进免费上门揽收地区，则需要将打包好的商品自行寄到国内官方集货仓，这就会多出一笔从仓库到国内集货仓的费用。

在物流费用计算上还需要注意的是，物流成本有两种计费方式，分别为"实际重量"与"体积重量"。"实际重量"就是其字面意思，指的是包裹上秤之后称出来的重量，"体积重量"指的是通过包裹的长、宽、高尺寸计算出来的"重量"。每一件商品都有"实际重量"与"体积重量"，在最终计费时，费用取两者较大者。如寄一件装满泡沫塑料的包裹，重量很轻，但体积很大，这时候往往是以"体积重量"计费的。

3. VAT 税费（欧洲国家）

欧洲国家需要支付20%的VAT（Value Added Tax，增值税）费用，其他国家暂时不需要。

4. 平台佣金与手续费

平台对各个国家店铺收取的佣金与手续费是一致的，是成交价的3.2%（平台佣金）+1.8%（手续费），一共为5%。

5. 提现手续费

提现手续费是指，将派安盈（收款账户）里的钱转到国内银行卡所收取的手续费，是提现金额的1%。

6. 场地成本和人工成本

每个国家或地区的场地成本与人工成本都会有所不同，我们往往也很难精准计算出场地成本与人工成本分摊到每一件商品的比例，所以我们会用倒推的方法进行估算，即"场地成本与人工成本占总成本的百分之多少比较合适"。

根据以往经验，往往是将这个比例设置在 20% 左右。如果在实操过程中，发现场地成本与人工成本高于总成本的 20%，那么就需要想办法将其优化。

综上所述，商品售价可以按以下公式来计算：

商品售价 = 商品成本 + 包材成本 + 平台佣金与手续费

+ 提现手续费 + 跨境物流段运费

+VAT 税费（仅欧洲国家需要）+ 商品利润

这里需要注意的是，商品利润指的是毛利，并未包含人工成本与场地成本，因此建议大家将商品利润中的 30% 作为场地、人工、退货等尚未计算在内的隐形成本，低于 30% 则很容易亏本。另外如果需要用红人营销的形式进行带货，则红人佣金成本也要计算在内。

A.4 订单管理与售后处理

当你需要阅读这一部分内容的时候，恭喜你，你已经出单了。接下来我们要介绍的是在拿到一笔订单之后，应该如何处理。

A.4.1 订单管理

首先，进入 TikTok Shop 后台，依次点击"订单"→"订单管理"，在"订单管理"页面可以查看订单状态，如图 A.4.1 所示。

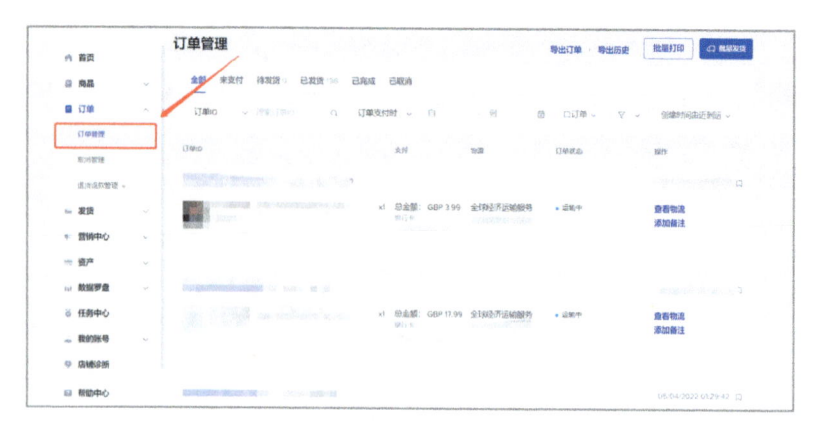

图 A.4.1

这里的订单状态往往分为以下几类，见表 A.4.1。其中，"待发货"状态分两种情况，分别是"待处理"和"准备发货/待揽收"；"已完成"状态分三种情况，分别是"已妥投""已退款"和"已退回"。

表 A.4.1

订单状态		具体含义
未支付		订单已创建但未支付
待发货	待处理	订单已支付但未处理
	准备发货/待揽收	订单准备发出
已发货		订单已交接给物流商并在运输途中
已完成	已妥投	买家已确认收到包裹
	已退款	卖家已退款给买家
	已退回	包裹已退回卖家
已取消		买家订单已被取消

当买家完成付款后，我们主要关注的是"待处理"状态的订单。在"待发货"页面，找到"待处理发货"的订单，点击"安排发货"，如图 A.4.2 所示。

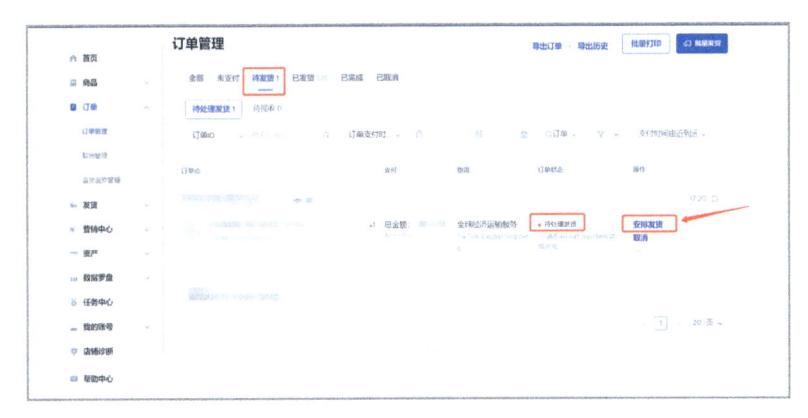

图 A.4.2

点击"确认",将订单状态设置为"待揽收",如图 A.4.3 所示。

图 A.4.3

接下来,就可以在"待发货"的页面中找到状态为"待揽收"的订单了,如图 A.4.4 所示。

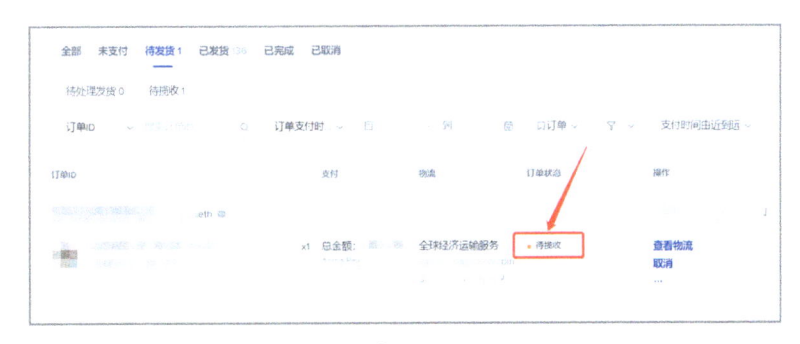

图 A.4.4

下一步，需要打印物流面单。点击"..."按钮，选择"全部打印"，如图 A.4.5 所示。

图 A.4.5

如图 A.4.6 所示，进入打印面单页面。确认信息无误后，点击打印图标。这里要注意，关于订单打印机，由于 TikTok Shop 平台采用的是 100×150mm 尺寸的面单，因此大家要用能够打印 100×150mm 尺寸面单的打印机，如"汉印 N51"型号打印机。

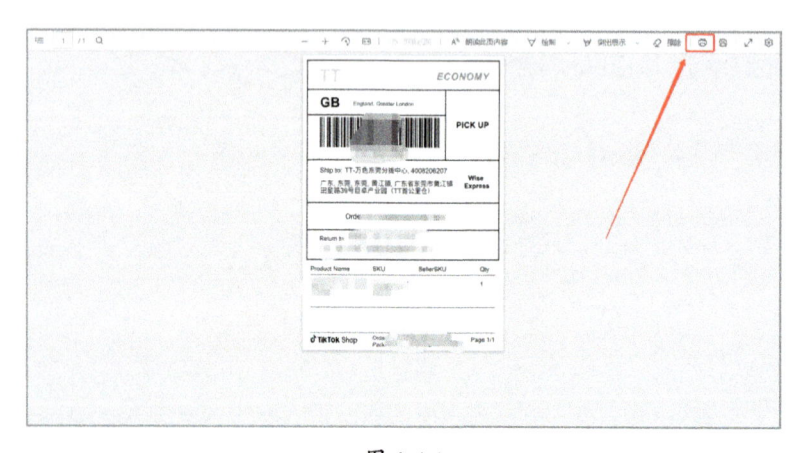

图 A.4.6

将打印出来的面单贴在包裹上，等待揽收人员上门揽件（如果不在官方揽收范围内，则需要自行寄送到集货仓），到此发货操作就完成了。

A.4.2　包裹拦截

我们还需考虑一个问题，如果包裹已经发出，客户突然不想要，想退款，这时候就需要拦截包裹，具体应该怎么做呢？

在拦截包裹之前，首先需要检查物流状态（见图 A.4.7），因为只有分别处于两种状态下的包裹是可以被拦截的（见图 A.4.8）：

（1）物流信息状态显示："你的订单已处理完成，准备运送你的包裹。"

（2）物流信息状态显示："你的订单已提交。"

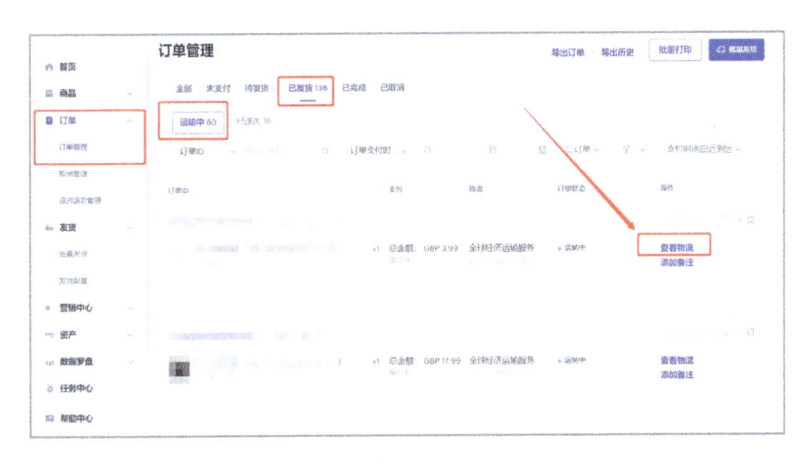

图 A.4.7

图 A.4.8

第一种物流信息状态："你的订单已处理完成，准备运送你的包裹。"

这种状态往往是物流服务商已经揽收了包裹，包裹正在去分拣中心的路上，此时商家只需要手动点击"取消订单"即可拦截。因为在这个阶段，包裹并没有被扫码进入分拣中心，当订单取消之后，分拣中心对该包裹扫码是无效的，会自动将该包裹与正常包裹分离出来，等揽收员下次上门揽收其他包裹时，一并将该包裹退回。如果对于没有上门揽收服务的地区，仓库会将包裹寄回，物流费需到付。

第二种物流信息状态："你的订单已提交。"

此时，只是把物流面单打印好了，包裹还没有发货，处于"待揽收"的状态，作为卖家，你可以直接将其拦截，通知仓库无须发货即可。

在包裹发货过程中，有一个"小坑"要记得避开。在打包过程中，不要将包裹打包成异形件，如图 A.4.9 所示，它们非常容易被物流服务商退回，因此尽量将包裹打包成常规形状。

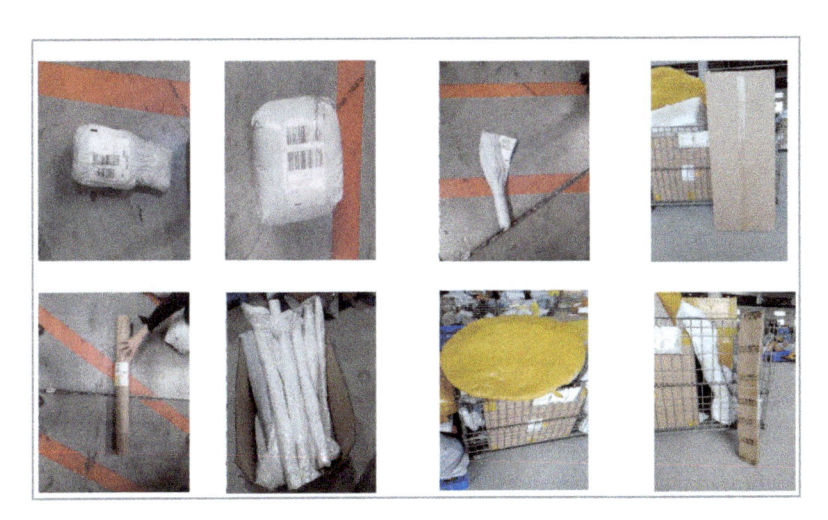

图 A.4.9

A.4.3　售后处理

本节向大家介绍售后处理的一些注意事项，其中主要介绍有关售后退款的注意事项。当需要售后退款的时候，应该如何处理呢？

首先，进入"退货退款管理"页面，依次点击"订单"→"退货退款管理"→"待处理"，如图 A.4.10 所示。

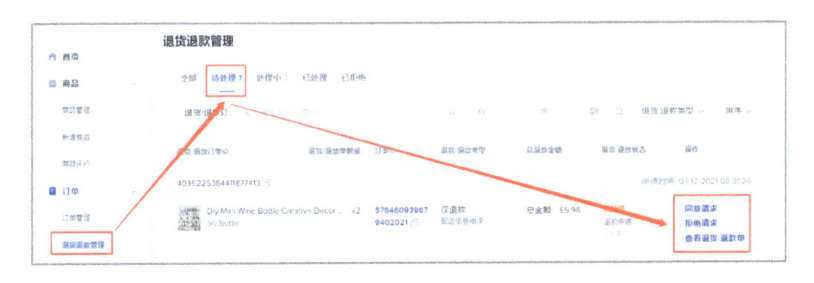

图 A.4.10

在这个页面做相应操作,如"同意请求"、"拒绝请求"或者"查看退货/退款单"。作为跨境卖家,如果我们在当地没有设置本地仓,那么买家很难将商品退回到我们手上,而退回到国内的成本非常高,也不太现实。所以在处理时,买家往往都是选择"仅退款"。

这个时候,可以先查看订单退货/退款情况,如果发现商品已经被妥投或已经签收,但买家反馈没有收到商品,则买家很可能存在"薅羊毛"行为,我们可以拒绝其请求,如图 A.4.11 所示,在页面选择拒绝的理由即可。

图 A.4.11

如果确实因为商品、服务等出现问题,建议大家同意买家的请求,妥善处理。当然,还可以在后台与买家进行协商,例如在一个包裹中,可能只有一件商品存在问题,而其他商品是完好的,或者本来拍了 4 件,而我们却只发了 3 件,漏发了一件。在这些情况下,可以和买家协商,选择"部分退款",以减少损失。

有的时候，物流还会出现派送失败、退回仓库的情况。这时有两种处理方式，第一种是让买家联系当地邮局，买家自行去邮局取件。第二种则是提交工单申请进行二次派送，二次派送的运费承担方有 3 种情况，具体如下。

（1）明确责任在买家，那么有一次免费二次派送的机会，否则费用需买家承担。

（2）明确责任在物流服务商，则由物流服务商承担。

（3）无法明确责任归属，则由 TikTok Shop 平台方兜底。

如果在售后过程中，买家、商家存在一定的分歧而无法解决纠纷，也可以让买家在 TikTok App 后台申请平台客服介入解决。

A.5　回款与提现

在做跨境电商的过程中，资金流转是非常重要的一环。买家付款之后，应该通过什么渠道提现，以及多长时间能够将资金转入国内银行卡等，这些都是商家需要非常关注的问题。

TikTok Shop 支持的收款服务商是派安盈，因此如果需要运营 TikTok Shop，大家需要注册一个派安盈的账户。需要注意的是，派安盈有个人账户和企业账户之分，建议大家采用企业账户。

派安盈的注册步骤很简单，大家进入其官网后，如图 A.5.1 所示，按照提示步骤完成注册即可。

图 A.5.1

注册好派安盈账户之后，在 TikTok Shop 后台依次点击"我的账号"→"商家资料"→"支付信息"，如图 A.5.2 所示。在"支付信息"中，将派安盈账户绑定到 TikTok Shop 上的小店即可。

图 A.5.2

接下来需要关注的就是结算周期。

买家确认收货之后，平台在多长时间内会把资金汇入我们的派安盈账户呢？派安盈账户中的资金汇入国内银行卡是很快的，因此主要关注的是平台在什么时候将资金汇入派安盈账户。

在结算周期内，每天在当地时间 0 时平台会对"可结款项"进行结算，通常来说，1~5 个工作日可以将资金汇入派安盈账户。注意，这里有一个关键词"可结款项"，其定义是：完成履约、已过售后期且无在途售后的订单款项。商品已经妥投、客户已经签收，这便是完成履约；"已过售后期且无在途售后"，就是商品妥投之后又过了平台规定的售后期（14 天），且没有尚未处理完的售后。那么这笔订单的款项就会变成可结款项。

说到售后期，需要注意，如果买家提出了退货/退款，卖家需要在 48 小时之内确认，超过 48 小时，平台则会自动同意退货/退款。

如图 A.5.3 所示，可以比较清晰地看出整体的结算周期，"包裹送达"时间"D 号"，大约是 10~15 天，因此从客户下单到卖家收到订单资金，时间周期是 1 个月左右。

图 A.5.3

平台打款后，资金便会在 1~5 个工作日汇入派安盈账户，卖家再将派安盈账户中的资金汇入国内的银行卡，即完成了整个回款流程。

A.6　TikTok 风控与申诉

我们来了解 TikTok 电商的风控政策，以及如何进行申诉。首先，需要明确一件事情：对于任何平台，风控规则都是黑盒子，平台不会把所有风控细则明确地公布出来，因为规则一旦明确，那么就一定存在漏洞，也就一定会有人利用漏洞钻空子来谋取利益。

其实，卖家在运营过程中，导致被风控的因素有很多种，目前比较明确的有以下几个雷区。

（1）站外引流。比如，在直播间引导观众进入 TikTok 账号主页，点击主页链接。

（2）面向低龄用户。比如，直播间出现未成年人。

（3）商品存在 IP 侵权。比如，售卖钢铁侠手办、皮卡丘钥匙扣等。

（4）商品出现假货，仿大牌或者打擦边球。比如，商品标签上出现 CUCCI、Dior 等山寨 Logo。

有的卖家出现违规行为后，一般都会收到违规警告。有时，平台不一定会将违规商品强制下架，可能仅仅是一次警告。如果卖家收到违规警告,应该立即自查是否涉嫌违规,需及时整改;如果收到多次警告,则会导致断播,直播间的推荐权重也会受到影响。

这里有一个小贴士,如果在直播过程中,商品被全部下架,而自查整改之后卖家想重新上架商品,则不需要重新开播,可以直接登录直播中控台,在中控台中上架商品。

如果严重违规或收到多次违规提醒都没有整改,则会导致直播中断。

如果收到平台警告,并通过仔细复盘,认为无论是客观事实还是主观动机,都没有触犯规则,那么可以进行直播申诉。具体流程是,在违规详情页下方找到加粗的"Submit Appeal",进入申诉页面,将情况如实填写,并等待申诉结果。如果没有找到这个入口,也可以在 TikTok App 主页点击"Inbox",选择违规消息,并点击右上角的"申诉",也是可以进行申诉的。

如果平台的审核人员确定是误判,则会给直播间解封或解除限流。当我们看到下面这个页面时(见图 A.6.1),便是申诉成功了。

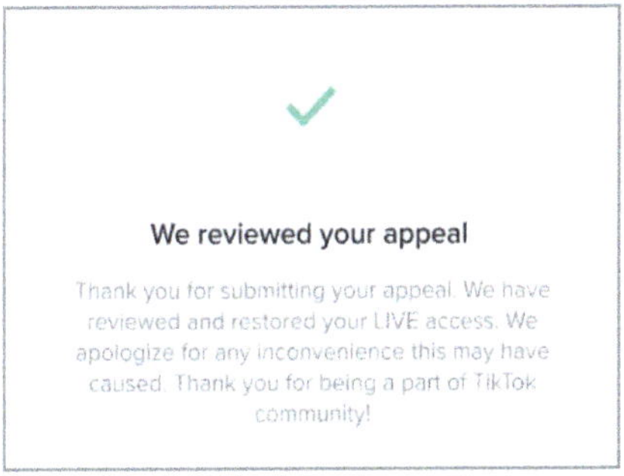

图 A.6.1

当然如果审核人员判定直播间确实有违规行为，我们也会收到申诉失败的回复。具体如下：

It was determined that your content violated our Community Guidelines. Access cannot be restored.

如果认为确实不存在违规行为，但申诉也没有通过，那么还有一个解决办法——找到负责你店铺的官方客户经理，让他帮你对店铺、账号的情况进行逐一排查。如果官方客户经理回复没有办法解决，那么说明，一定是账户或店铺行为无论是在客观事实上，或是在主观动机上，触及了官方的合规底线。这时更应该做的是反思自己的运营行为，一定要在平台的规则范围内进行经营，不要再触及雷区。

（本书所有内容仅代表个人立场，不代表 TikTok 官方立场。）